W0295060

# LE VIEUX MAITRE
# ET L'ECOLOGIE

Du même auteur

*Célébration de l'oeil* (Robert Morel, 1963) épuisé

*Notre Ami Commun* (Robert Morel, 1972) hors commerce

*Cent Clés pour comprendre le zen* (Courrier du Livre - 1ère édition 1976 épuisée - 2ème édition revue et corrigée 1991)

*Zen, ni lotus, ni robots* (Cerf, 1981)

*Zen ou l'esprit de l'eau courante et du rayon de lune* (Trédaniel, 1983)

*Zen ou comment nourrir le bébé-tigre ?* (Trédaniel, 1983)

*Zen, être intime avec son âme* (Trédaniel, 1986)

*Zen ou comment passer sur l'autre rive* (Trédaniel, 1987)

*Zen, éternel pèlerinage* (Trédaniel, 1990)

*Le Sabre et la Vie ou la Voie d'un Combat pour l'Unité de l'Etre* (Trédaniel, 1985)

*Norbert Calmels, histoire d'une amitié.* Préface de Maurice Druon, secrétaire perpétuel de l'Académie Française (Trédaniel, 1986)

*Le Mystère de l'Oeil* (Trédaniel, 1990)

Composition AdR Astromatic
8, rue de la Providence - 75013 Paris

© Editions de la Maisnie, 1991
*Tous droits de traduction, reproduction et adaptation réservés pour tous pays.*

ISBN : 2-85707-453-0

Claude DURIX

# LE VIEUX MAITRE ET L'ECOLOGIE

## EN CHINE AU IXème SIECLE, UN MAITRE DE ZEN A TOUT DIT SUR L'ECOLOGIE

Guy Trédaniel Editeur
76, rue Claude Bernard
75005 Paris

Toutes les calligraphies et les photographies sont de l'auteur.

Les dessins des dix tableaux du dressage du boeuf sont de Pierre Delorme.

A Sengoku Rôshi, mon maître de zen,
Supérieur du Monastère d'Obaku-san.

L'appel à l'Eveil

# PREAMBULE

« Mais la nature est là qui t'invite et qui t'aime ;
Plonge-toi dans son sein qu'elle t'ouvre toujours :
Quand tout change pour toi, la nature est la même,
Et le même soleil se lève sur tes jours. »

Ce n'est peut-être pas toujours exactement le même soleil que du temps des méditations poétiques de Lamartine, mais notre nostalgie pour cette nature aimante et accueillante, pour un environnement sans artifices miraculeusement préservé de nos déprédations s'exprime depuis un peu plus d'une décennie avec une force nouvelle. La nature, l'environnement sont devenus à la mode. Les journaux, les revues, les télévisions leur consacrent des articles et des émissions de qualité. Les partis politiques qui se réclament de leur protection obtiennent de grands succès électoraux. Huit cent mille personnes visitent chaque année les grands jardins de France et les botanistes amateurs font la fortune des magasins spécialisés. Le peuple unanime déplore la destruction des forêts provençales par les feux ravageurs de tous les étés. La pollution des mers par les naufrages de bateaux pétroliers suscite des déplorations universelles, des polémiques et des procès interminables. En Septembre 1989, à Belgrade, la Conférence des pays Non Alignés, met à son ordre du jour deux points importants à égalité: les droits de l'homme et la protection de l'environnement.

Cependant, cette prise de conscience n'est pas toujours une raison suffisante, pour que l'on adopte dans les grands conseils du pouvoir et que l'on accepte dans la vie quotidienne des mesures préventives efficaces. Comme les réactions sentimentales du public, les réflexions politiques ne se manifestent souvent que par de vertueuses indignations, des émotions sans lendemain, des rassemblements stériles, des condamnations seulement verbales et rarement par des engagements personnels généreux. Le sort des baleines, des dauphins, des bébé-phoques, des animaux sauvages en voie de disparition fait pleurer les chaumières, entraîne, il est vrai, des interdits internationaux, mais ne supprime pas toujours l'attrait pour les fourrures et les bijoux d'ivoire. Nous nous intéressons beaucoup à notre couche d'ozone, mais nous ne sommes pas prêts à nous priver de nos aérosols projetés par des gaz au chlorofluorocarbone que nous savons responsables de sa dégradation. Nous nous comportons toujours avec une grande désinvolture dans le choix de nos dépotoirs et dans le traitement de nos déchets. L'art de prévenir les catastrophes est encore chez nous très embryonnaire. On ne sait toujours pas bien soigner les pyromanes ni dissuader les incendiaires ni éviter les vengeances ravageuses ni débusquer les intérêts sordides ni châtier les vrais coupables ni limiter suffisamment les dégâts ni réparer convenablement les dévastations. Pour des surproductions éphémères, on épuise les terres par des engrais chimiques excessifs qui, du même coup, vont empoisonner les nappes d'eau souterraines.

Pourtant, des gouvernements de pays riches offrent d'importantes primes aux agriculteurs qui acceptent de ne pas cultiver leurs terres afin qu'elles reviennent à l'état sauvage ; pourtant, des essais touchants de retour à la nature se manifestent, qui sombrent parfois dans un conformisme folklorique, qui se heurtent en tous cas aux innombrables problèmes d'une société moderne inhumaine dans beaucoup de ses aspects, mais avec laquelle il faut bien composer. Ainsi va la vie où l'harmonie entre nos exigences légitimes de pureté et les contraintes polluantes qui nous sont imposées est si difficile à réaliser.

« A côté de la recherche de solutions réelles, écrit Jean Dorst à ce sujet, que d'utopies proposées au cours d'une époque riche en idées fausses et en pseudo-sciences ! »

Oui, l'insertion de l'homme dans son environnement est bien le problème majeur auquel se trouvent confrontés les individus, les sociétés, les gouvernements et les politiques. L'art de gouverner le monde comme de se gouverner soi-même consiste donc tout simplement à réaliser cette insertion.

« Ecologie » ne se trouve pas dans le Littré, bien que ce mot fasse partie maintenant du langage ordinaire. Le disciple de Darwin, Ernst Haeckel, qui le proposa pour la première fois, naquit en 1834. Il était un *naturaliste*, comme on disait à son époque. Lorsqu'il forgea à partir de la racine grecque *oïkos*, οἶκος « la maison », un terme qui devait avoir une fortune internationale considérable, il voulait désigner simplement la science de l'adaptation des organismes à leur milieu. Cette création linguistique n'était pas sa seule contribution à la compréhension de nos enracinements essentiels. On lui doit, entre autres, de profondes études sur les animaux dits inférieurs ainsi qu'une loi biogénétique fondamentale qui mettait en évidence un étonnant parallélisme entre l'ontogenèse et la phylogenèse, c'est-à-dire entre le développement individuel des embryons et l'évolution générale des espèces. Ainsi, selon lui, dans les quelques mois de notre séjour au sein de l'utérus maternel, nous serions censés reproduire en abrégé les millions d'années qui nous menèrent des têtards à l'homo sapiens. Comment, dans ces conditions ne serions-nous pas davantage encore concernés par nos généalogies grâce à ce raccourci qui nous serait commun dans les débuts de nos existences ?

De cette même racine oïkos, nous avions déjà tiré depuis longtemps des mots chargés de sens : l'*économie* οἰκονομία qui englobe les règles de la vie en commun et l'*économe* οἰκονόμος chargé de les mettre en oeuvre dans la maison. Les circonscriptions administratives, même en dehors des organisations religieuses étaient des *diocèses* διοκησις (dia + oikos). Le *métèque* μετοικος (méta + oikos) était celui qui changeait de maison ou de milieu et l'ensemble du monde habité se révélait, par définition, *oecuménique* (oikoumenikos) οἰκουμενικος. Nous y avons ajouté depuis Haeckel, les *écologistes*, l'*écologisme*, les *écosystèmes*. Pourquoi pas aussi une « *éco-conscience* » qui procéderait de notre mémoire embryonnaire ? Des sociologues distingués nous rappellent que dès 1858 existait le terme d'*oecuménée* dont ils ont fait l'*écoumène*, c'est-à-dire la portion de l'étendue terrestre que l'homme habite effectivement. Il leur fallait créer encore un nouveau terme, l'*érème*, qui en est l'opposé, du grec *érèmos* ἔρημος le désert, la solitude, les lieux inhabités, où depuis longtemps, issus de cette même racine, nos ermites menaient leurs vies érémitiques.

Les dictionnaires japonais anciens et classiques ignorent eux aussi l'écologie. J'ai demandé le renseignement à l'un de mes distingués amis japonais. « En effet, me dit-il, le mot « écologie » désignant une nouvelle science, n'a pas encore sa traduction proprement japonaise. Donc, on emploie le mot étranger japonisé, ce qui donne : *ekorojii* エコロジー , ou bien l'on évite ce problème en employant des mots tels que « problèmes écologiques », ou *kankyô-mondaï* :

環境問題

L'écologie, pour Augustin Berque (*Le sauvage et l'artifice* - Gallimard 1986) est « *l'étude du milieu réduit à ses aspects physiques* ». Point final !

L'écologie globale dont je veux parler ne se satisfait pas d'une telle réduction. Elle doit s'intéresser aussi à notre environnement intellectuel, à notre environnement spirituel, à notre environnement métaphysique, c'est-à-dire aux relations de l'homme non seulement avec son milieu physique, mais aussi avec les manifestations des intelligences, avec les dimensions spirituelles, avec la vie surnaturelle. On peut évidemment penser que les deux premières concernent plutôt l'homme extérieur et les deux dernières l'homme intérieur, mais l'expérience montrera très vite que ces distinctions entre intérieur et extérieur, s'agissant de l'homme *vrai*, sont tout à fait artificielles et que le mystère de la vie aboutit naturellement à l'unité, à la fusion harmonieuse du physique, du mental, du spirituel et du métaphysique, du corps, de l'intelligence, de l'esprit et de la vie cosmique. Tant de démarches politiques qui ont officiellement pour objectif la défense des droits de l'homme aussi bien que la préservation de l'environnement nous laissent souvent, malgré d'indéniables succès électoraux, une pénible impression d'inachevé parce que tous ces aspects essentiels ne sont pas pris en compte *dans leur ensemble.*

En chinois, et aussi en japonais, *l'humanité* s'écrit au moyen de deux idéogrammes. Le premier représente l'homme, une silhouette en marche. Le second, une porte à deux battants qui délimite un espace, donc le définit, avec en dessous le soleil ou la lune qui expriment le temps. L'ensemble, homme en marche + espace-temps, c'est l'humanité.

人間

Sous peine de tomber très vite dans des impasses et d'épuiser nos énergies dans des combats stériles, nous ne pouvons donc pas nous contenter d'une écologie figée dans les seules limites d'une physique ou d'une géographie statiques, mais la considérer du point de vue de *l'homme en marche dans l'espace et le temps infinis.*

C'est donc une véritable *écologie initiatique* que nous devons parvenir à réaliser. Elle exige évidemment que nous sachions de qui et de quoi nous voulons parler quand nous disons « *l'homme* » et quand nous disons « *l'environnement* » ; elle demande que nous connaissions aussi toutes les options qui peuvent être proposées pour définir et régler les problèmes de leur interdépendance ; elle recommande enfin, que nous sachions choisir le chemin qui mène à l'harmonie véritable. Tel est notre propos.

Nous serons guidés sur cette voie par un vieux maître de zen chinois du IXème siècle. Les entretiens qu'il avait avec ses disciples nous sont parvenus et le texte que nous suivrons pas à pas est bien connu : ce sont les quatre propositions de Linji. Elles sont plus que jamais d'actualité, bien que leur formulation soit particulièrement déroutante. Mais c'est la pure tradition du tch'an, le zen chinois ancien. Linji fut le fondateur d'une école qui existe encore de nos jours et qui a essaimé partout dans le monde. Les japonais l'appellent *Rinzaï*. Audelà du temps et de l'espace, nous allons essayer de le regarder vivre et de comprendre son enseignement déconcertant.

Le regarder vivre, c'est, d'abord, l'accompagner sur son chemin initiatique, retrouver l'ambiance de son temps en cette Chine de l'époque T'ang qui commençait sa décadence, et découvrir l'abrupte éducation qu'il reçut de ses Maîtres.

Comprendre son enseignement, c'est, ensuite, essayer de connaître l'homme qu'il fut dans son âge mûr, se laisser entraîner dans son sillage, s'abandonner au charme brutal de sa parole, expérimenter les méthodes véritablement « obstétricales » de l'accoucheur d'éveil qu'il fut, sachant que, sur cette voie, nos inclinations naturelles à la pensée discursive, au raisonnement logique, à nos dialectiques familières se trouveront constamment et brutalement détruites. Il nous faudra rompre sans faiblesse avec toutes nos habitudes.

Nous en arriverons ainsi à observer avec lui les différentes manières de considérer l'homme dans ses rapports avec son environnement. Qu'est-ce que l'homme ? Qu'est-ce que l'environnement ? Quels comportements peuvent-ils avoir l'un sans l'autre, l'un contre l'autre, l'un avec l'autre, dans l'organisation du monde.

Finalement, Rinzaï et ses quatre propositions ne seront pour nous qu'une occasion de plus de nous interroger sur notre place dans le monde, c'est-à-dire sur le sens de notre vie.

# Première Partie

# LE VIEUX MAITRE

# I

# LE MAITRE EN SON TEMPS

Son nom s'écrivait ainsi en chinois ancien :

臨済

On l'a longtemps transcrit dans nos alphabets occidentaux « Lin-Tsi ». Maintenant, les Professeurs de chinois moderne conseillent plutôt « Linji ». Cela n'empêche pas les Japonais de prononcer depuis toujours « Rinzaï ». Or son nom de famille véritable était « Hing » mais le jour où il fut ordonné moine, il devint « Yi-Hiuan ». Puis, la vie passant, on lui donna le nom posthume de « Tch'eng-Ling » qui veut dire « Spiritualité Clarifiée » et l'Empereur de Chine lui décerna par décret le titre de « Houei-Tchao » : « Maître de Zen, Rayonnement de sagesse ». Est-ce que vous suivez bien ? Non ? Il est vrai qu'il est difficile de s'y retrouver dans toutes ces syllabes dont les consonances ne sont pas encore familières aux oreilles européennes. Donc, pour simplifier, nous continuerons, comme le font les japonais, à l'appeler « Rinzaï ».

Il fut le maître, le chef de file, le père spirituel de l'une des principales branches du zen, l'une des trois qui existent encore aujourd'hui : elle porte toujours son nom.

Le premier idéogramme du nom de Rinzaï signifie « extraordinaire » et le second apporte une idée d'aide, d'assistance, de « rédemption ».

Dans ces deux caractères, il y a tout ce qui doit être le caractère d'un maître. Cependant, dans ce cas particulier, le souci de la vérité linguistique nous oblige à dire que pour les chinois de l'époque, ils signifiaient tout simplement « le gué sur la rivière ». Tel est du moins le sens que nous donne un savant exégète du XIIème siècle :

« son temple dominait le vieux gué où traversaient les voyageurs », explique en effet poétiquement en l'an de grâce 1120, l'Honorable Seigneur Ma Fang, diplômé du Temple de Yen-k'ang, Gentilhomme de Grade Pourpre et Or Chargé des Banquets Impériaux, Emissaire Ordonnateur de la Circonscription de Chen-ting, Commandant en Chef des Forces d'Infanterie et de Cavalerie, Administrateur de la Préfecture Militaire de Ch'eng-te. Comment ne pas être d'accord avec un personnage aussi titré ? D'autant qu'il a très certainement raison ! Deux autres disciples, « petits maîtres successeurs de la Loi », comme ils se définissent plus modestement eux-mêmes, écrivent qu'il s'installa comme supérieur d'un petit moutier, et que son nom de Lin-tsi, « près du gué » est tiré de cette localité. Nombreux sont les maîtres de zen de cette époque qui sont connus de la postérité sous le nom des lieux-dits où ils vivaient. Obaku, par exemple, dont Rinzaï fut l'assistant, portait le nom de la montagne où se trouvait son monastère, de même que Han-Shan, « Montagne Froide », le poète hippie du zen. Nous nous rangerons donc aux avis identiques du Noble Ma-Fang et des deux petits maîtres, mais, puisqu'il nous faut retomber sur nos pieds, nous dirons que l'image du gué est chargée de considérables symboles, et qu'elle implique évidemment aussi, même sur un plan géographique pur, l'idée d'une aide, d'une assistance extraordinaire de la nature, d'où très certainement le choix des deux caractères qui le désignent. On me permettra d'ajouter qu'en japonais moderne, le mot « clinicien » comporte dans son écriture le premier idéogramme de Rinzaï : pour l'« accoucheur d'éveil » qu'il fut, c'est aussi une intéressante concomitance.

Il était un homme du nord de la Chine, au tempérament fougueux et passionné, voire même comme on l'a dit aussi, « grossier et brutal », et nous verrons que c'était loin d'être inexact. Un de ses disciples ultérieurs du XIIème siècle dira de lui un peu bêtement que s'il n'avait pas été un maître de zen, il aurait fait un grand chef de bande. Cela signifie en tous cas qu'il avait de grandes aptitudes au gouvernement de lui-même et des autres par des méthodes, certes, non conformistes. Dans les hagiographies posthumes, on camouflera pudiquement ce que ces jugements pouvaient avoir de peu élogieux en se contentant de dire qu'il était « simple et direct ».

A l'aube du IXème siècle, à peu près au temps où, chez nous, Charlemagne s'apprêtait à ceindre la couronne d'Empereur d'Occident et commençait à nous intéresser aux enfants des écoles, Rinzaï naquit à la limite des provinces du Ho-pei et du Hou-nan, dans une petite ville qui s'appelle aujourd'hui Dong-Ming. On a dit qu'il avait été un modèle de piété filiale - toujours les hagiographes un peu flagorneurs -, ce qui ne l'empêcha pas de prendre vite le large pour aller étudier très loin, au sud-ouest du pays, dans le Jiangxi.

Le bouddhisme importé des Indes, avait été florissant en Chine, sous la dynastie des T'ang jusqu'au milieu du VIIIème siècle, mais, vers 755, une grave insurrection avait entraîné la fermeture des frontières, des restrictions tracassières aux relations internationales, et de ce fait, un arrêt presque complet des échanges spirituels avec l'extérieur. Du même coup furent interrompus les pèlerinages traditionnels qui menaient les bouddhistes chinois « chercheurs de la Loi » vers les grands foyers mystiques de l'Inde et de l'Indonésie. Dans Sumatra, depuis des siècles, le centre d'études international de Srivijaya abritait des milliers de moines de toutes les nations venus apprendre le sanskrit, les textes canoniques, les règles monastiques, la sculpture et l'architecture sacrées ; dans Java central, les rois Sailendras, fervents bouddhistes, construisaient à cette même époque où naissait Rinzaï, Borobudur, la montagne cosmique entièrement sculptée, mandala de pierre, trésor de l'humanité.

Ainsi, ce fut à l'origine pour des raisons de politique intérieure que le bouddhisme scolastique et spéculatif à l'indienne fut détrôné peu à peu par le tch'an - plus tard, les japonais et, à leur suite, les occidentaux prononceront « zen » -. Le tch'an était arrivé des Indes dès le Vème siècle avec Bodhidharma, le « brahmane contemplateur du mur ». Mais, sans doute trop iconoclaste pour les lettrés confucianistes classiques plutôt favorables à un bouddhisme exotique distingué, il était resté très marginal. Taries les sources d'un enseignement traditionnel il se développa alors avec une rapidité prodigieuse. Il permit au bouddhisme de se démocratiser et de devenir tout à fait chinois, en s'enrichissant des apports taoïstes de la Chine ancienne, en s'épurant des lourds héritages de ses origines aryennes. Et, dès lors, c'est en langue vulgaire et non plus en chinois littéraire qu'il s'exprima et c'est sur les chemins intérieurs du pays qu'il lança, de monastères tch'an en sanctuaires zen, une nouvelle race de pèlerins à la recherche avide d'un maître et d'un enseignement autochtones. Les textes canoniques anciens, traduits du sanskrit, du pâli ou d'autres langues mortes, oubliés sans regrets, furent remplacés par des notes que transcrivirent hâtivement en chinois parlé de tous les jours des disciples fidèles : elles reproduisaient dans leur abrupte exactitude les paroles des maîtres tch'an réputés. Tout cela constitue une littérature dont on ne peut pas dire, maintenant, qu'elle soit d'un abord facile. Le chinois vernaculaire des T'ang dont on avait perdu jusqu'au souvenir fut retrouvé par des linguistes très récemment et quelques rares spécialistes actuels, chinois, japonais, français, américains en ont seuls l'intelligence. Quant au fond, le style des enseignements du zen était déjà connu depuis Bodhidharma : « aucune soumission à des textes ou à des paroles » et « plonger directement au coeur de l'homme », sans fioritures, sans dialectique, sans logique, sans formalisme, dans la plus grande irrationalité.

On citait, par exemple Mazu, l'un des ancêtres spirituels de Rinzaï qui vivait au VIIIème siècle. Peu de jours avant sa mort, à un moine qui lui demandait des nouvelles de sa santé, il répondait en toute simplicité : « Bouddha à face de soleil, Bouddha à face de lune ! »

Allez comprendre, cartésiens occidentaux mes frères, qu'il s'agit peut-être d'une évocation ultime du temps qui passe, de ses enseignements immuables et de l'impermanence des choses. A moins que Mazu ait voulu se moquer une dernière fois de son disciple par une réponse totalement inintelligible. Et si ce genre de littérature vous indispose, il vaut mieux ne pas aller plus loin, car, avec Rinzaï, ce fut bien pire encore.

Comment nous étonner alors de l'incompréhension profonde dont firent preuve tant de nos « spécialistes » classiques des langues, des civilisations et des religions orientales lorsqu'au début du XXème siècle, ils se trouvèrent confrontés à des fragments de textes pareils ?

_ « C'est un tissu de solennelles niaiseries ! » disait solennellement le docte Monsieur Roussel, professeur de sanskrit à la Sorbonne.

Et le Révérend Père Wieger de la Compagne de Jésus, dont je ne voudrais pas dire trop de mal, car j'utilise tous les jours avec fruit un livre très érudit sur la glose des caractères chinois qu'il concocta en 1899 écrivait :

– « Ce sont des exclamations échappées à des abrutis momentanément tirés de leur coma ! »

De tous ces abrutis, Rinzaï est bien, à mon avis, l'un des plus sympathiques.

Jeté tout jeune sur les routes précaires de la Chine décadente en cette fin de règne d'une dynastie d'autant plus déliquescente qu'elle gardait le souvenir d'un âge d'or exceptionnel, il partagea le sort de ces pèlerins infatigables, assoiffés d'absolu, qui cherchaient avec patience mais opiniâtreté un maître capable de les aider à résoudre les questions fondamentales de la vie : « Qui suis-je ? », « Pourquoi vivons-nous ? »

Moins de deux siècles plus tôt l'Empereur T'ai-tsong avait vaincu les hordes turques de Mongolie, imposé son protectorat sur les routes de la soie vers la Perse et l'Europe, sur celles des pèlerinages bouddhiques vers l'Afghanistan, le Népal et l'Inde, ouvert des routes maritimes vers le Golfe persique, installé son administration jusqu'aux Marches les plus extrêmes de l'Empire, et fini par rétablir la paix après les grandes invasions qui avaient ensanglanté tout le pays du IVème au VIème siècle.

Ce fut l'âge d'or. Ses successeurs, souverains éclairés de la Chine des T'ang, jusque dans les premières décennies du VIIème siècle réorganisent sans trêve leurs gouvernements provinciaux, fortifient leurs armées et leurs grandes murailles, consolident leurs alliances, affermissent leurs suzerainetés, intensifient leurs échanges commerciaux, exportent leurs découvertes, leurs soies, leurs épices, leurs porcelaines, éduquent leurs populations, encouragent leurs créateurs, subventionnent leurs artistes, glorifient leurs intellectuels. Les premiers dans l'histoire de l'humanité, ils mettent au point un système d'éducation nationale que notre renaissance carolingienne ne réalisera que plus tard. « Pauvres ou riches, petits ou grands, raconte un marchand arabe de cette période, tous les chinois apprennent à tracer des caractères et à écrire. Dans chaque ville, il y a une école et un maître d'école pour instruire les pauvres et leurs enfants : ces maîtres d'école sont nourris aux frais du Trésor... » *.

Cosmopolite, Tch'an-ngan est la capitale, de plus d'un million d'habitants, le foyer de la culture, le centre d'un Empire qui s'étend jusqu'à la Corée à l'est, jusqu'au Yunnan et à l'Indochine au sud, jusqu'au désert de Gobi au nord, jusqu'au Tibet à l'ouest. On y pénètre par huit grandes portes gardées par des lanciers caparaçonnés de la tête aux pieds d'uniformes à damiers multicolores et coiffés de casques à pointe et par des archers en tuniques rouges extrêmement mobiles sur leurs petits chevaux poilus qui patrouillent autour des douves. On s'y fournit en produits indigènes ou exotiques sur deux immenses marchés où grouille une population bigarrée qui parle toutes les langues : persan, arabe, turc, mongol, ouïgour, hindi, urdu, bengali, uzbek, kazar, tatar, turkmène, mandchou, kirghize, coréen, telugu, malayalam, birman, pachtou, kurde, tibétain, baloutche, yao, shan, javanais, balinais, malais, batak, macassar, toradja, zhuang, lao, ka-muang, thaï et tous les dialectes chinois, le wu, le min, le hakka, le xiang, le gan, dans leurs formes anciennes dont beaucoup ont maintenant disparu.

* Ahbar as Sin wa el Hind : *Relation de la Chine et de l'Inde* : rédigé en 851 à partir des récits des commerçants arabes.

Entièrement tournée vers l'extérieur, tolérante et expansive, cette Chine de l'apogée des T'ang avait depuis longtemps accueilli le Bouddhisme devenu la religion dominante, avait reçu de Perse le Christianisme nestorien puis l'Islam venu de la mer avec les navigateurs arabes. Les dévots pouvaient se recueillir aussi bien dans la cathédrale de Tch'ang-ngan ou dans les mosquées de Canton que devant les images monumentales du Bouddha taillées dans la falaise au bord des fleuves ou sur les parois des grottes sacrées.

Outre cette sculpture religieuse impressionnante, encore hiératique mais d'une élégance qui tranchait sur celle des époques précédentes se révélait aussi tout un art profane de modeleurs de terre cuite : statuettes d'hommes d'armes cuirassés, de serviteurs obséquieux, de chevaux de bataille, de chameaux de bât, et, repos du guerrier, immortalisées dans leurs atours, d'élégantes favorites, de danseuses aux longues manches, de jolies musiciennes dont nous pouvons entendre encore les flûtes, les tambourins, les harpes, les cithares, les orgues à bouche puisqu'on en joue toujours au Japon exactement de la même manière qu'au VIIème siècle chinois. Et la peinture, se dissociant de l'académisme religieux importé des Indes, devint enfin originale, inventa la perspective et l'art du portrait. Sur les fresques et les rouleaux de soie règnent toujours, coiffés de leurs chapeaux haut-de-forme en crins de cheval, des donateurs au noble maintien, des hauts fonctionnaires inflexibles, des courtisans hautains, des lettrés respectés qu'accompagnent, engoncées dans leurs riches vêtements de cour, de charmantes princesses grassouillettes aux longues chevelures ramassées en chignons où sont piquées des fleurs et des épingles précieuses.

La poésie ne le cède en rien aux arts plastiques : les plus grands poètes chinois sont ceux de cette période. L'un d'eux pousse même l'originalité jusqu'à naître en Russie actuelle, dans le Turkestan où sa famille était exilée.

La calligraphie a dépassé depuis longtemps sa valeur pratique d'écriture ou de test pour les candidats à la fonction publique : elle devient un art accompli, tout de nuances et de finesse, de maîtrise et de force. Elle fait vivre les poèmes et s'élancer les symboles.

C'est aussi à ce moment même que la poterie se transforme : elle passe tout simplement, insensiblement, de l'archaïsme au classicisme. Elle s'affine, se diversifie, s'allège, invente des glaçures bleues, vertes, jaunes dont l'éclat nous étonne encore et nous apporte un reflet de cette civilisation brillante et de cette culture incomparable.

Mais, tout à coup, dans les délices d'une paix qui semblait établie pour toujours, dans cette vie de cour merveilleuse, vers le milieu du VIIIème siècle, le drame recommence, les fidèles trahissent, les barbares reprennent les armes, l'empereur doit fuir sa capitale, laissant massacrer par la soldatesque révoltée sa superbe favorite Yang-Kouei-fei : son fantôme sanglant hante désormais les nostalgies poétiques. Cependant, la rébellion maîtrisée pour un temps par des mercenaires ouïgours aux dents longues n'attend que le moment favorable pour renaître de ses cendres et pour s'étendre encore davantage. Et le pouvoir ne peut que se cantonner dans une expectative prudente autant que stérile. Il ferme ses frontières, interdit les déplacements à l'étranger, pourchasse les métèques. Mais dans le peuple, les mécontentements augmentent, attisés par l'ostentation des dépenses somptuaires de la cour, par le luxe effréné des favoris et par les impôts trop lourds qui en sont la conséquence. Encore des révoltes noyées dans le sang, encore des troubles générateurs d'un affaiblissement progressif de l'empire. Les frontières sont violées, les Tibétains sauvages que le bouddhisme ne civilisera que bien plus tard, incendient, après un raid éclair, la métropole, malgré les ouïgours encore fidèles, occupent pour longtemps la région de Si-ning et plusieurs cantons voisins. Puis au sud, les montagnards yunnanais envahissent la province chinoise du Tonkin. Puis les kirghiz et les tatars attaquent au nord et le cercle de fer se resserre : telle est la situation, vers 815, lorsque Rinzaï commence ses pérégrinations, dans une Chine déchirée, affaiblie, au bord de l'anarchie. C'est vraiment le début du crépuscule. Encore quelques décennies et les derniers empereurs T'ang, pâles figures de la nuit, séquestrés par leurs tout-puissants eunuques, obnubilés par les incantations de leurs astrologues taoïstes devront laisser la place à un émiettement de principautés jalouses de leur autonomie, à des seigneurs provinciaux cherchant à restaurer à leur profit les dignités impériales désacralisées, avant que ne se manifeste enfin une autre dynastie glorieuse qui refera l'unité.

Imaginez les voyages du jeune Rinzaï, allant de monastère en monastère, dormant à la belle étoile, se nourrissant de l'air du temps, buvant l'eau des fontaines de rencontre, en butte aux tracasseries de fonctionnaires subalternes ou de petits chefs locaux, aux exactions des bandes de brigands, des seigneurs de la guerre, des troupes de paysans en révolte, des mercenaires mongols plus ou moins réguliers. Pourtant, il étudie, avec acharnement le bouddhisme classique, ses textes canoniques, ses règles de vie monastique, les dits des patriarches indéfiniment ressassés. Il reçoit à dix-neuf ans l'ordination plénière de moine. Mais il n'est pas satisfait. Il essaie et abandonne plusieurs maîtres successifs qui ne paraissent pas valables à sa jeune intransigeance. Son errance se poursuit, au rythme des saisons et des doctrines. Sur les routes de Chine, il vit de ces recherches et de ces soifs inassouvies d'irréductible perfection. La route elle-même est pour lui source d'enseignements.

Un jour, avec un compagnon de rencontre, un moine déjà âgé, il arrive au bord d'une rivière. Le gué est difficile, des pluies ont fait monter les eaux. Sur la berge, une jeune fille se lamente :

– « Je ne sais pas nager, j'ai peur de traverser... »

Le vieil homme retrousse sa robe de voyage, quitte ses sandales, prend la fille sur ses épaules, la fait traverser. Et puis on se sépare : au revoir et merci. Et les deux moines poursuivent leur chemin en silence. Trois heures plus tard, le jeune Rinzaï dit :

– « Vous m'avez scandalisé. La règle nous interdit de toucher une femme et vous avez pris celle-là sur votre dos... »

– « Oui, dit le vieux, mais moi je l'ai déposée sur l'autre rive, tandis que toi, trois heures après, tu la portes encore ! »

Une autre fois, il se dirige vers un monastère de montagne où il espère quelque découverte spirituelle. Le chemin longe un petit torrent. Quelque chose flotte sur les eaux : c'est un poireau abandonné qui descend le courant. On ne saurait faire de bonnes études dans un temple où l'on gaspille la nourriture se dit Rinzaï. Il repêche le poireau, fait demi-tour. Un moment plus tard, il entend courir derrière lui : c'est un jeune moine tout essoufflé :

– « Vous n'auriez pas vu un poireau ? »

– « Si, justement, le voici ! »

Et tous les deux, avec le poireau sauvé des eaux reprennent leur route vers le sommet de la montagne.

Est-ce à Rinzaï, est-ce à l'un de ses émules qu'arrivent ces aventures chargées de sens dont nous trouvons les échos ça et là dans les annales du zen ? Que nous importe ; nous savons bien qu'il était là, dans cet état de réceptivité où s'accumulent les étincelles qui préparent le brasier radieux des accomplissements.

Et voilà qu'il découvre le tch'an.

Rencontre-t-il sur la Voie le souvenir de Han-Shan, le vagabond poète du VIIème siècle, si semblable à nos fous de Dieu épris de sainteté, petit frère de nos ermites-pèlerins sur les routes du Moyen Age, qui chante la solitude et sa joie intérieur ?

« Je monte sur la Voie de la Montagne Froide,
La Voie sans fin de la Montagne Froide,
Au long des torrents, des pierres amoncelées,
Des larges rivières, des herbes couvertes de rosée,
Où la mousse est glissante sans pourtant qu'il ait plu,
Où les pins chantent sans un souffle de vent.
Qui peut s'affranchir des liens du monde
Et s'asseoir avec moi parmi les nuages blancs ? »

Il arrive au monastère où vit Houangbo, que l'on appelle maintenant Obaku en japonais, qui est le fondateur d'une des trois écoles du zen encore vivantes.

Et il y reste.

Obaku est un maître très célèbre à cette époque. Des centaines de moines, ses disciples vivent autour de lui. Il semble que l'organisation, la hiérarchie aient été très élaborées : au sommet de la pyramide, le maître, puis ses assistants chacun chargé d'une responsabilité particulière, puis l'intendance, les moines économes, les cuisiniers, puis les maîtres des novices, les professeurs, l'encadrement disciplinaire des salles de méditation, des salles de conférences, des halls de prière, des dortoirs, des réfectoires, des lieux d'aisance ; puis la foule des apprentis, comme on les appelle dans les textes, tous moines ordonnés mais encore très jeunes, à qui l'on fait mener, pour les éduquer, une vie très dure ; puis les disciples laïques qui viennent faire une retraite de quelques jours, quelques mois, quelques années et dont certains pourront devenir moines. Tout ce monde se lève très tôt, passe de longues heures en méditation, en travaux des champs, en corvées de nettoyage, de cuisine, de services divers, et se couche très tard. Il est probable que la salubrité dans ces grands monastères est tout à fait rudimentaire, comme dans toute la Chine d'ailleurs. Dôgen qui ramènera le zen au Japon se dira très offusqué par la saleté des moines chinois. C'est pourquoi il édictera des règles d'hygiène très strictes pour ses disciples, précisant la manière de se laver les dents, de prendre le bain ou d'aller aux toilettes. J'ai pu constater, au cours de plusieurs séjours dans des monastères japonais qu'elles y sont toujours très exactement en vigueur et que la propreté est méticuleusement surveillée. Dans les monastères chinois que j'ai connus, cependant elle laisse toujours autant à désirer.

Plus tard, sous la dynastie des Song, le style du Tch'an se modifiera insensiblement, mais l'essentiel restera. La méditation assise, tso-tch'an - ou zazen ou dhyana - constituera toujours la « grande affaire ». Certains maîtres postérieurs sauront utiliser les paroles et les légendes apparemment folles de leurs rudes prédécesseurs

Il arrive au Monastère où vit Obaku...

Au Monastère d'Obaku-san, aujourd'hui..

des T'ang pour en faire, par leur absurdité même, un autre moyen de « tuer l'intelligence » : ce sera la méthode des « kôans ». Mais à cette époque, elle ne se pratique pas encore.

Sur les murs de la grotte 159 de Touenhouang, une peinture qui date du VIIIème siècle nous montre deux moines recevant l'aumône. Une ferme à l'architecture simple, stylisée. Devant la porte, une femme élégante, aux formes épanouies, visage fardé, sa chevelure rassemblée par un ruban en trois grosses coques, habillée d'une robe blanche traînante avec par-dessus une étole grise et un mantelet marron, offre, dans une jatte, du lait de la vache que trait à l'arrière plan une autre femme ; à côté d'elle, un homme aux culottes grises bouffantes, le torse nu drapé d'une écharpe beige fait respectueusement le salut « gasshô », les deux mains jointes à hauteur de la poitrine ; en face d'eux, un moine esquisse un geste de bénédiction, cependant que l'autre s'apprête à recevoir l'offrande. Le moine bénisseur est certainement un haut dignitaire : il est vêtu de blanc, de vert et de rouge et coiffé d'un chapeau rond. L'autre nu-tête, crâne rasé, porte le « koromo », la robe à longues manches dont les moines zen sont toujours pareillement vêtus.

Houangbo - Obaku - n'était certainement pas d'un commerce facile. Un jour, dans sa jeunesse, son maître lui demande :

_ « D'où viens-tu ? »

_ « Des champignons qui poussent au pied de la montagne de mille pieds. »

_ « As-tu vu le tigre là-bas ? »

_ « Grrrrrrr..... » Obaku imite le rugissement du tigre. Le maître lève sa hache et court après lui pour le frapper. Obaku lui donne une gifle.

Le maître sort en riant, puis revient s'asseoir et dit aux moines :

_ « Au pied de la montagne de mille pieds, il y a un tigre que vous devez absolument connaître. Votre vieux maître vient de parler avec lui ! »

Quand Rinzaï arrive dans son monastère, Obaku y régne en effet comme un tigre sur ses territoires de montagne, comme un dragon sur les eaux immatérielles des légendes. C'est un cogneur, au propre comme au figuré. Orageux, impétueux, brandissant son bâton de maître de zen, il traque impitoyablement toutes les manifestations de formalisme, de bigoterie, d'hypocrisie, de dissimulation, d'arrogance, de frivolité, de mensonge. Il sait discerner les imposteurs et les renvoie aussitôt sans ménagements.

Un jour, six nouveaux moines se présentent. Suivant un cérémonial qui n'a pas changé, les cinq premiers déplient leur « zagu », une pièce de tissu d'un mètre treize sur soixante et onze centimètres qu'on porte pliée en accordéon sur le bras gauche et qu'on étend devant soi pour faire « sampaï », les trois prosternations rituelles des salutations monastiques. Le sixième tourne en rond, court à droite, à gauche, dans la salle.

Obaku : _ « Je vois là un chien de chasse qui ne m'a pas l'air bon du tout ! »

Le moine : _ « Je poursuis l'antilope qui brame ! »

Obaku : _ « Et si elle n'a pas de voix, comment peux-tu la trouver ? »

Le moine : _ « Je suis ses traces ! »

Obaku : _ « Et s'il n'y a pas de traces ? »

Le moine : _ « Alors, ce doit être une antilope morte ! »

Fuir les vanités du monde : rasage du crâne au Monastère d'Obaku-san.

Obaku ne répond pas. le jour suivant, à l'assemblée du soir, il monte en chaire et dit :

_ « Où est le moine chasseur d'antilope ? »

Le moine s'avance.

Obaku : _ « Hier, la discussion n'était pas finie, elle est restée en plan. Que dis-tu maintenant ? »

Le moine ne répond pas.

Obaku : _ « J'avais pensé au début que tu étais un vrai moine, mais je vois maintenant que tu n'es qu'un bavard vaniteux. Dehors ! »

Et il le chasse à coups de bâton.

Car l'antilope du zen n'a évidemment ni cri, ni traces, ni odeur, ni nom. Celui qui fait semblant d'avoir compris n'a rien compris du tout.

Au Monastère d'Obaku-san, près de Kyoto, onze cent cinquante ans plus tard, peu de temps avant de le quitter pour rentrer chez moi après un long séjour, j'eus un entretien mémorable avec mon maître de zen japonais, successeur d'Obaku le vieux maître de tch'an chinois auquel il me reliait directement par cinquante générations à peine de maîtres successifs. Sengoku Rôshi, mon maître, était un homme très doux, très humble dans ses manières. Il n'avait pas apparemment l'impétuosité de son illustre prédécesseur, mais on sentait en lui une même force intérieure que la bonté de son regard ne parvenait pas toujours à dissimuler. Il me reprochait souvent d'avoir des réponses trop intellectuelles, trop réfléchies, pas assez spontanées à ses questions. J'essayais de m'en corriger, mais c'était difficile pour mon esprit dualiste encore prépondérant.

Ce fut, ce jour-là, nos adieux, notre dernière rencontre.

Le soir tombait. Nous étions assis dans sa chambre autour d'une table basse, nous buvions du thé qu'il avait préparé et je prenais congé. Il savait certainement qu'il allait bientôt mourir et que nous ne nous reverrions plus dans cette vie.

Je lui dis que je regrette de partir, que j'aurais bien aimé rester auprès de lui, continuer à suivre son enseignement, mais que ma destinée en a décidé autrement, que je dois retourner m'occuper de mes malades, que je reviendrai dès que je pourrai, bref, des stupidités. Il m'écoute gentiment, buvant son thé en silence, hochant parfois la tête comme pour approuver. Et puis, tout à coup, d'une voix forte, qui lui est assez inhabituelle, il m'appelle par mon nom et ajoute aussitôt :

– « D'où venez-vous ? »

Attention ! Pas de réponse intellectuelle, philosophique, être le plus banal possible :

– « De Casablanca ! »

– « Qu'est-ce que c'est Casablanca ? »

– « Une ville en Afrique, une ville toute blanche. Le nom signifie maison blanche, ville blanche... »

– « Quel temps fait-il là-bas ? »

– « Généralement excellent, il y a du soleil. »

– « Et le ciel est de quelle couleur ? »

– « Presque toujours bleu. »

– « Est-ce qu'il y a la mer ? »

– « Oui. »

– « De quelle couleur est-elle ? »

– « Bleue, grise, verte » - je commence à le voir venir.

– « Est-ce qu'il y a des arbres comme celui-ci ? » - en me montrant un saule pleureur dans le jardin -

– « Oui. »

– « De quelle couleur les feuilles ? »

_ « Vertes, bien sûr. »

_ « Et des fleurs, il y a des fleurs ? »

_ « Bien entendu. »

_ « Quelles couleurs ? » - le ton monte de plus en plus.

_ « Toutes les couleurs : bleues, rouges, violettes, jaunes... »

Il crie presque : _ « Alors, il y a le ciel bleu, la mer bleue, grise, verte, les arbres verts, les fleurs bleues, rouges, violettes, jaunes et vous dites que c'est une ville blanche ! Vous ne savez pas d'où vous venez, vous ne savez rien de vous-même ! Et maintenant, parlez, parlez ! D'où venez-vous ? »

_ « De Casablanca ! » Je ne me suis pas entendu répondre.

Sengoku Rôshi lève son bâton entre ses deux mains vers son visage, salue légèrement, et dit d'une voix très douce, cette fois :

_ « Bien ! Bien ! Buvez votre thé, il refroidit. »

Puis je partis. Je ne le revis plus.

Mais ce dialogue « écologique » éveilla en moi une prise de conscience nouvelle : je compris, et je n'ai cessé de le vérifier depuis, que le chemin vers l'unité du corps et de l'esprit passe d'abord par une vraie connaissance de soi-même, inséparable d'une connaissance profonde de notre milieu vital à tous les niveaux. La manière « intellectuelle », voire même « rationnelle » dont j'écris cela maintenant ne rend compte que très imparfaitement de l'importance de cette découverte.

Un ministre d'Etat de l'Empereur T'ang qui s'appelait P'eï-siou était un adepte du zen. Il va voir Obaku et lui apporte un imposant manuscrit où, dit-il, il a consigné tout ce qu'il a compris du zen. Obaku prend le manuscrit, sans même le regarder et le pose derrière lui. Au bout d'un long moment de silence, il dit au Ministre :

– « Comprenez-vous ? »

– « Non, pas vraiment. »

– « S'il y a en vous une certaine compréhension, c'est le zen, mais si vous croyez nécessaire de la confier au papier et à l'encre, il n'y a plus aucune trace de zen. »

Sortie du Ministre.

Ne serais-je pas moi-même, au moment où j'écris ceci comme le Ministre P'ei-siou ?

Rinzaï, moine déjà ordonné, déjà savant, connaissant tous les textes canoniques devient donc, chez Obaku, l'un des derniers parmi les « apprentis », participant, comme tous les autres novices, à tous les travaux du monastère. Il lui faut d'abord apprendre à désapprendre, oublier toutes les connaissances accumulées. Il voit Obaku de très loin, il écoute ses sermons, il travaille au jardin, il fait toutes les corvées, surtout, il pratique zazen la méditation assise. Il ne parle presque jamais au maître qui lui semble inaccessible.

Obaku monte en chaire :

– « Bien plus loin que les dix-mille objets de la connaissance, il y a l'esprit de non-attachement. C'est ce qu'il y a de plus important. Le véritable voyageur ne possède rien. Il n'y a pas plusieurs esprits. La vérité n'est pas quelque chose qui peut être expliquée. C'est tout. Allez en paix. »

Fin du sermon. Fin des illusions de Rinzaï sur la valeur de ses connaissances.

Dans le jardin. Rinzaï ne fait rien. Il est appuyé sur sa bêche. En fait, il enrage. Il se demande ce qu'il fait là.

Dans le jardin...

Dans le jardin...

Tous ceux qui ont passé quelque temps dans un monastère se sont souvent posé cette même question. Les doutes l'assaillent, il a l'impression de perdre son temps.

Obaku vient à passer.

_ « Tu es fatigué ? »

_ « Comment le serais-je, râle Rinzaï, je n'ai même pas soulevé ma bêche. »

Obaku lui donne un coup de bâton. Rinzaï excédé attrape le bâton et fait tomber Obaku. Obaku appelle le maître des novices pour l'aider à se relever.

_ « Comment acceptez-vous de telles grossièretés de cet idiot ? » dit le maître des novices.

Obaku se relève et donne un coup de bâton au maître des novices.

Rinzaï toujours furieux se met à bêcher et dit :

_ « Partout, on brûle les morts, mais moi je vais tous vous enterrer, bande de salopards ! »

Ainsi se passent les jours au Monastère de la Montagne des Mille Pieds _ Obaku-san _ où la forte personnalité d'Obaku domine de toute sa hauteur ceux qui vivent sous sa férule. Rinzaï est déjà là depuis trois ans. Pas facile, avec son caractère !

Le Père-Maître des études, qu'on appelle Tch'en l'Ancien est un homme d'expérience. Voyant vivre Rinzaï, pur et d'une seule pièce, dur et authentique, si différent de tout le monde, il a intuitivement senti que ce cabochard de novice recèle en lui l'étoffe d'un maître. Il attend que le fruit soit mûr, puis le fait appeler :

_ « Dis-moi, mon garçon, depuis combien de temps es-tu là ? »

_ « Trois ans. »

Tch'en l'Ancien...

_ « Est-ce que tu es déjà allé parler au Maître ? »

_ « Jamais ! Qu'est-ce que vous voulez que je lui dise ? »

_ « Eh bien, pourquoi n'irais-tu pas simplement lui demander quelle est la grande idée du bouddhisme ? »

Oh ce piège ! Rinzaï tombe dedans à pieds joints ! c'est la question bateau, la question idiote par excellence, abstraite, dualiste, dialectique, rationnelle, aux antipodes de l'esprit du zen.

Sans méfiance, Rinzaï va trouver Obaku. Il n'a même pas fini sa phrase qu'il reçoit une dégelée de coups de bâton. Tout penaud, inquiet, désolé, il retourne à ses occupations. Tch'en l'Ancien, le bon apôtre, lui demande :

_ « Alors qu'est-ce qui s'est passé avec le Maître ? »

_ « Je n'y comprends rien : je n'avais même pas fini de parler qu'il m'a battu comme plâtre ! »

_ « Ecoute, il ne faut pas te décourager. Retourne lui parler encore. »

Rinzaï retourne questionner Obaku deux fois encore et à chaque fois, il prend une nouvelle volée de coups de bâton. Alors, il dit à son Père-Maître :

_ « Vous m'avez envoyé chez le Maître : trois fois je lui ai posé la question et trois fois il m'a battu. Je n'y comprends rien et j'en ai plus qu'assez de ces traitements. Je me rends compte que ma place n'est pas ici. Je pars ! »

_ « D'accord. Mais n'oublie pas, avant de partir, d'aller prendre congé du Maître. »

Entre temps, Tch'en l'Ancien va trouver Obaku.

_ « Ce garçon qui vous a questionné et que vous avez battu trois fois me semble tout à fait valable. S'il vient vous dire au revoir, tâchez de le recevoir. Pour peu qu'on creuse, je suis persuadé qu'il deviendra un grand arbre à l'ombre duquel viendront se rafraîchir des gens du monde entier. »

Rinzaï va partir. Obaku lui dit :

– « Pourquoi n'irais-tu pas chez Ta-yu qui habite près des hauts-fonds du fleuve Kin. Sûrement, il saura t'expliquer. »

Ta-yu, surnommé « le grand idiot » – inutile de se demander pourquoi quand on connaît l'opinion du Révérend Père Wieger jésuite ou du Professeur Roussel sur les maîtres du zen – avait été le condisciple d'Obaku chez Mazu, rappelez-vous, Bouddha à face de lune, Bouddha à face de soleil –. Il est déjà vieux, tout chenu, lorsque Rinzaï vient le trouver, mais il est encore bien robuste et le restera longtemps. On dit même que Rinzaï aurait passé dix ans ensuite à son service. Ta-yu vit en ermite sur des bancs de sable, à proximité des rapides du fleuve Kin-Kiang que domine le Mont Huangbo – Obaku-san –. Donc, ce n'est pas très loin du monastère d'Obaku.

– « Du viens-tu » ? lui demande Ta-yu.

– « De chez Obaku. »

– « Et qu'est-ce qu'il devient, Obaku ? »

– « Pas grand'chose de bon. Je l'ai interrogé trois fois sur ce qu'est exactement la grande affaire du bouddhisme et trois fois il m'a tapé dessus ! Je me demande quelle faute j'ai bien pu commettre ! »

– « Quoi ! Obaku se comporte avec toi comme une bonne vieille grand'mère, et après tout le mal qu'il s'est donné, tu viens encore me demander si tu as commis une faute ou non ! »

Rinzaï va partir...

Alors, à cet instant précis, le voile se déchire et c'est le grand éveil, lumineux, éclatant, fulgurant. En même temps s'installent une grande paix, un grand bonheur, dans la réalisation de l'unité, par la redécouverte du pur dépouillement originel. C'est une évidence : le sens de l'enseignement d'Obaku, comme le sens de la vie, lui apparaissent tellement simples qu'il se demande comment il a pu si longtemps chercher tant de complications.

– « Après tout, dit Rinzaï, le bouddhisme d'Obaku, ce n'est pas grand'chose ! »

Ta-yu l'empoigne à bras-le-corps :

– « Regardez-moi ce petit diable qui pisse encore au lit ! Il vient me demander quelle faute il a commise et maintenant, il me dit que le bouddhisme d'Obaku ce n'est pas grand'chose ! Mais qu'est-ce que tu as dans la tête, crétin ? Allons, parle, parle vite ! »

Rinzaï donne trois bons coups de poing dans les côtes de Ta-yu. Ta-yu le lâche :

– « Ton maître, c'est Obaku. Je n'ai rien à voir dans cette histoire. »

Des années plus tard, au moment de mourir, Ta-yu dira à Rinzaï qui l'assiste, et ce seront ses dernières paroles :

– « Et surtout, n'oublie jamais Obaku. »

Et voilà Rinzaï qui revient chez Obaku. Dès qu'il le voit, Obaku recommence à ronchonner :

– « Mais quand ce gaillard va-t-il arrêter ses allées et venues ? Pourquoi reviens-tu ici ? »

– « Parce que vous avez été tellement gentil avec moi, vous m'avez traité comme une bonne vieille grand'mère ! »

Et il le salue respectueusement.

Obaku : _ « Et tu viens d'où, comme cela ? »

Rinzaï tout gentil : _ « Hier, vous avez bien voulu me donner l'ordre d'aller chez Ta-yu, alors, je reviens de le consulter. »

_ « Et qu'est-ce qu'il t'a dit, Ta-yu ? »

Rinzaï raconte.

Obaku : _ « Attends un peu que j'attrape ce salopard de Ta-yu, je lui en flanquerai une bonne dose bien douloureuse ! »

Rinzaï : _ « Pourquoi attendre ? C'est vous et sur-le-champs qui allez bouffer la dose ! »

Et il lui envoie une énorme claque.

Obaku éclate de rire : _ « Ha Ha Ha ! Mais qu'est-ce que c'est que ce cinglé qui vient ici tirer la barbiche du tigre ? »

Rinzaï pousse un rugissement. Obaku appelle son assistant :

_ « Emmène-moi cet abruti à la salle de consultations ! »

Dans cette histoire qui marque l'accès de Rinzaï à son indépendance, à sa liberté, on passe son temps à se donner des coups et si l'on regarde ce pugilat objectivement, on peut dire aussi qu'il n'y a pas grand'chose là-dedans. En tout cas, rien qui ressemble à une « doctrine » cohérente, à une démarche rationnelle, aux superbes raisonnements syllogistiques de la philosophie classique, aux enseignements soigneusement référenciés de la sagesse chinoise ancienne, aux leçons sophistiquées des scolastiques importées des Indes. En fait, l'intellect n'y trouve pas son compte, et c'est bien normal, puisque justement, le zen cherche d'abord à « tuer l'intelligence ». Les coups échangés font partie de ce qu'en termes techniques, on appelle la « maïeutique », l'art d'accoucher les esprits (*maïeuô* μαιεύω : délivrer une femme en couches) que Socrate avait pratiqué bien longtemps avant Obaku et Rinzaï, sans brutalités mais par ses questions subtiles et les réponses qu'il tirait de ses disciples. Cependant ici, il ne s'agit pas seulement d'ouvrir l'esprit, mais de provoquer l'éveil, l'illumination, la prise de conscience de la réalité du monde, *de l'union de l'homme et de son environnement*. Ces rudes lascars du zen chinois de l'époque T'ang utilisent des moyens bien singuliers et parfois tout à fait incongrus. Nous en avons déjà eu un aperçu avec Obaku et nous verrons ce que Rinzaï saura faire dans ce domaine. Malgré toutes les précautions que je prendrai, ou que je ne prendrai pas, les âmes sensibles risqueront parfois d'en être choquées.

Quoiqu'il en soit, c'est à partir de ce jour-là que Rinzaï commence à voler de ses propres ailes et la prédiction de Tch'en l'Ancien se réalisera : à l'ombre de ce grand arbre, après un millénaire, des hommes du monde entier continuent à venir se rafraîchir.

Plus tard, les exégètes discuteront à perte de vue pour savoir qui, de Ta-yu ou d'Obaku devait être considéré comme le Maître de Rinzaï. En d'autres termes, lequel des deux avait eu l'action prépondérante qui allait aboutir à l'éveil de Rinzaï. L'un de ces savants, byzantin, quoique authentiquement chinois, résolut le problème presque définitivement par une réponse normande et sibylline en disant :

– « Non seulement Rinzaï a chevauché la tête du tigre, mais il a su aussi lui tirer la queue. »

Autrement dit, Ta-yu a été la tête et Obaku la queue du tigre _ ou sa moustache _, mais c'est Rinzaï qui a fait le travail et son véritable maître n'est autre que lui-même. Après tout, ce vieil exégète qui s'appelait Yang-chan n'était pas si bête que cela, tant il est vrai que *l'éveil* est tout simplement la découverte du maître intérieur et qu'il apporte la véritable liberté, c'est-à-dire l'indépendance vis-à-vis des autres maîtres. Ce qui n'exclut pas, bien sûr, la reconnaissance pour les maîtres extérieurs qui nous mettent sur la voie. C'était le sens de l'injonction de Ta-yu sur son lit de mort.

Il semble qu'après son illumination, Rinzaï soit resté encore une dizaine d'années au moins dans cette région du sud de la Chine. Elle était relativement préservée des désordres politiques des provinces du nord plus proches de Tch'an-ngan la capitale. Là bas, tout allait mal. Le gouvernement de l'Empire était aux mains des eunuques qui faisaient et défaisaient les souverains à leur gré. En 820, ils avaient déjà assassiné l'Empereur Hien Tsong, puis en 826, l'Empereur King Tsong, leur compagnon de débauches. Son frère cadet Wen Tsong qui lui avait succédé eut des velléités d'épuration : il commença par renvoyer trois milles dames du palais et douze cent soixante-dix fonctionnaires inutiles. Ensuite, avec quelques ministres fidèles, un prêtre taoïste, un petit groupe de spadassins, il essaya de se débarrasser enfin des eunuques. Il les attira dans un jardin pour leur faire admirer la « douce rosée » qui tombait sur les arbres, en réalité pour les faire massacrer. Mais les gardiens du harem qui constituaient aussi la garde militaire du palais vinrent à la rescousse et les eunuques n'eurent aucun mal à reprendre leur autorité. Venu à résipiscence, mais soucieux de s'assurer un long règne, Wen Tsong se confia aux soins éclairés des prêtres taoïstes et à leurs élixirs de longévité. Ce ne fut pas un succès. Comme son grand'père qu'une potion taoïste avait rendu fou, Wen tsong drogué jusqu'à la moelle mourut en 840 à trente et un ans. Sans faiblir, les eunuques firent tuer son fils l'héritier présomptif et mirent à sa place l'un de ses jeunes frères Wou Tsong qui, à son tour, se réfugia dans les brumes magiques des drogues taoïstes. Comme le bouddhisme semblait aux intégristes du taoïsme l'ennemi public numéro un, ils profitèrent de la débilité impériale pour faire promulguer un édit de persécution. Peut-être aussi y eut-il de réelles raisons socio-économiques : le clergé bouddhique possédait d'immenses domaines tous exempts d'impôts et depuis longtemps, des hauts fonctionnaires réclamaient une législation qui mit fin à ces privilèges parfois exorbitants. Il fallait rétablir une situation qui échappait à l'autorité du gouvernement. On décapita les grands officiers favorables au bouddhisme : l'inspecteur de l'armée, ses quatre secrétaires, le vice-président du tribunal des censeurs, le chef de la cour et d'autres encore, et pour faire bonne mesure, leurs femmes, leurs concubines, leurs enfants, leurs esclaves. On mit le feu à leurs maisons, l'on saisit leurs biens. La plupart des temples furent détruits, les moines chassés, leurs monastères confisqués. Puis l'empereur de plus en plus malade et de plus en plus confiant dans les remèdes taoïstes finit par devenir complètement fou et par mourir à trente-deux ans. Et les eunuques, sans se soucier le moins du monde de l'ordre normal de succession au trône, designèrent comme empereur le treizième fils du grand'père du défunt. Celui-ci, sans attendre, fit mettre à mort le principal responsable de la proscription, remit progressivement le bouddhisme en honneur et tenta de lutter à son tour contre les eunuques qui se repentaient déjà de lui avoir octroyé son relatif pouvoir. Hélas, hélas, il crut aussi aux médicaments taoïstes et son règne se termina prématurément en 859.

De 842 à 845, cette persécution fut la plus cruelle qu'ait connu le bouddhisme en Chine. Il semble pourtant qu'elle fut beaucoup moins virulente dans le sud où vivait Rinzaï, alors assistant d'Obaku. Ou, peut-être, à cause de sa marginalité, du peu d'importance de son patrimoine, de son refus d'être assimilé au bouddhisme traditionnel, le tch'an fut-il plus ou moins épargné. Et peut-être aussi, pour laisser passer les orages locaux, Rinzaï s'est-il réfugié près des rapides du fleuve où il partagea pour un temps la vie érémitique de Ta-yu, sa « tête de tigre », qu'il assista jusqu'à sa mort.

Sur ces années où, confirmé dans son éveil, Rinzaï resta sous les ordres d'Obaku et de Ta-yu, les textes qui nous ont été conservés fourmillent d'anecdotes. La bagarre continue avec ce vieux dur d'Obaku dont l'âge ne désarme pas la virulence. Cependant, le ton change, manifestement et ce sont maintenant des affrontements d'égal à égal, même si Rinzaï se fait toujours morigéner et prend parfois encore des coups.

Voici, par exemple, une sesshin d'été au monastère de Houang-po, une retraite où l'on pratique intensément la méditation assise et pendant laquelle les moines n'ont pas le droit de voyager. Rinzaï est alors chez Ta-yu. Transgressant la règle, il va rendre visite à Obaku, en plein milieu de la sesshin. Il le trouve en train de lire des textes sacrés du bouddhisme.

– « Moi qui croyais avoir affaire à un *homme*, lui dit-il, je ne vois qu'un vieux révérend la bouche pleine de haricots noirs ! »

Jeu de mots : « haricots noirs » se prononçait alors de la même manière que « lettres ».

Il reste quelques jours, puis repart. Comme il prend congé, le vieux maître lui dit :

– « En venant, tu as violé la sesshin et tu repars sans même la terminer ! »

– « Je ne suis venu que le temps de vous saluer révérend. »

Obaku le bat et le chasse.

Rinzaï, après quelques kilomètres, est pris de remords et rebrousse chemin pour terminer la sesshin. »

Rinzaï est en train de planter des pins aux abords du monastère. Obaku lui demande :

– « Pourquoi plantes-tu tous ces pins ? »

– « Pour deux raisons : premièrement, pour embellir le paysage : deuxièmement, pour que les générations futures se souviennent de nous. »

Puis il frappe trois fois le sol de sa bêche.

– « Tu as quand même bien encaissé mes coups de bâton ! » lui dit Obaku.

Rinzaï souffle deux fois très fort et frappe à nouveau trois fois le sol avec sa bêche, sans rien dire de plus. Alors Obaku, plein d'admiration prophétise :

– « Avec toi, mon école connaîtra un grand succès dans le monde ! »

C'est ainsi qu'il intronise Rinzaï comme son successeur.

Les mois, les années passent et Obaku sait maintenant qu'il est temps pour Rinzaï d'aller enseigner le tch'an à son tour. Il lui donne son autorisation, marquée de son sceau spirituel. Mais ni l'un ni l'autre ne désarme pour autant et le dialogue continue avec la même truculence.

Rinzaï est sur le départ.

_ « Où vas-tu ? »

Rinzaï désinvolte :

_ « Si ce n'est au sud du Fleuve Jaune, ce sera au nord du Fleuve Jaune ! Une manière d'envoyer promener son maître... »

Et le maître, derechef, lui tape dessus. Rinzaï attrape son bras et, derechef, lui donne une gifle.

Obaku éclate de rire, appelle son assistant :

_ « Va chercher le kyôsaku et le zafu de mon défunt maître et donne-les lui. »

Le kyôsaku est le bâton avec lequel on frappe les moines pour réveiller leurs énergies et le zafu est le coussin sur lequel on s'assoit pour la méditation assise. C'était là des reliques importantes qui conféraient l'authenticité à celui qui les possédait.

Rinzaï : _ « Eh, assistant ! N'oublie pas d'apporter aussi du feu pour brûler toutes ces vieilleries ! »

Obaku : _ « Tu peux dire tout ce que tu voudras ! Prends-les seulement pour faire taire les mauvaises langues plus tard, si on met en doute ton enseignement. »

Et Rinzaï quitte définitivement son maître Obaku. En route vers le nord-est et la Province du Ho-pei, au nord du Fleuve Jaune, où il s'établira, il s'arrête parfois pour des pèlerinages peu formalistes ou pour visiter d'autres maîtres et c'est toujours l'occasion de dialogues savoureux.

Au bord de la rivière Lo, près de Lo-yang, se trouve un stûpa, un monument commémoratif, dédié à Bodhidharma qui amena le tch'an des Indes en Chine au Vème siècle.

Le préposé à la garde du stûpa lui dit :

– « Oh, l'ancien ! Saluerez-vous d'abord le Bouddha ou d'abord le patriarche ? »

Question piège : il veut voir à quel genre de touriste il a à faire.

Rinzaï : – « Je ne saluerai ni le Bouddha, ni le patriarche. »

Le préposé : – « Dites-moi, l'ancien, quelle chamaillerie y a-t-il entre vous, le Bouddha et le patriarche ? »

Rinzaï secoue ses manches en signe de dérision et s'en va.

Il arrive chez Ming-houa – dont nous ne savons rien d'autre que cette anecdote – qui lui demande :

– « Qu'as-tu donc à tant aller et venir ? »

Rinzaï écoeuré : – « Voilà que j'use mes vieilles sandales de paille pour n'entendre que des questions idiotes ! »

Ming-houa : – « Que veux-tu dire, en fin de compte ? »

Rinzaï : – « Vieux crétin, tu ne sais même pas ce que parler veut dire ! »

Finalement, toutes ces années de recherche se terminent au bord de la rivière Hou-t'o, près de la ville de Tchen, dans la province du Ho-pei, juste au-dessus du gué qui donnera son nom à l'ermitage et à son maître. Ce n'est pas un monastère mais seulement, comme disent les chroniqueurs, un « petit moutier », c'est-à-dire un enclos avec quelques bâtiments. Là se passera la seconde partie de sa vie. De là, son enseignement rayonnera dans toute la Chine et s'étendra, suivant la prédiction, aux hommes du monde entier. Nous sommes en 854.

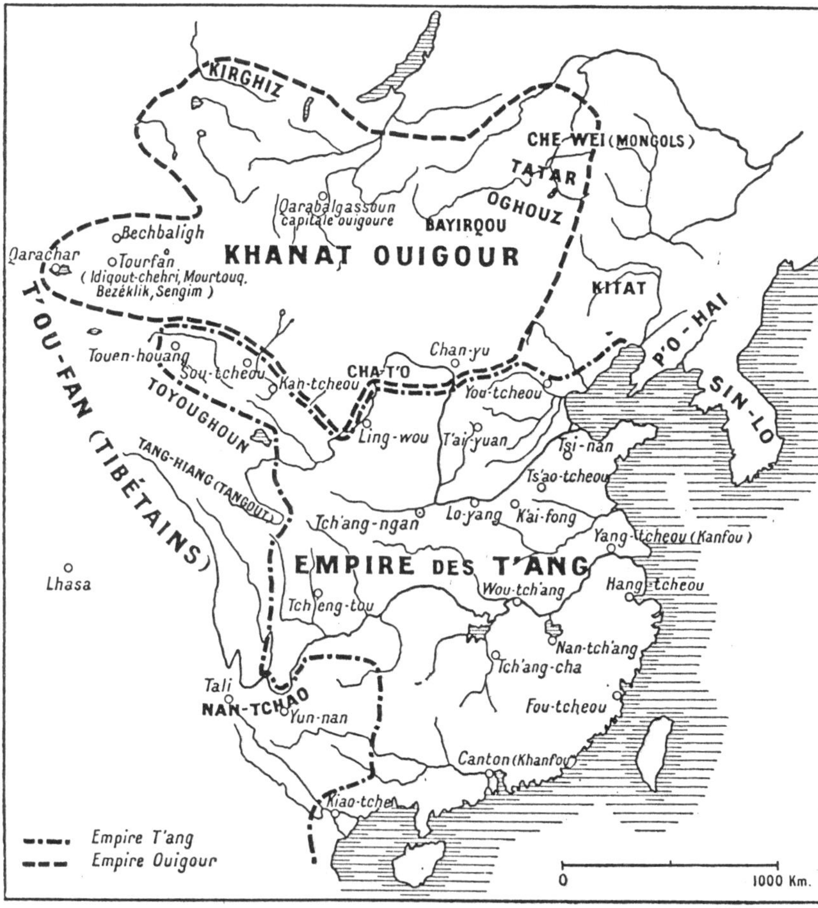


L'Empire des T'ang vers 800 après J.-C.
(d'après René Gousset :
*Histoire de l'Extrême-Orient*)

# II

# LE GUÉ

# SUR LA RIVIERE HOU-T'O

徒涉川

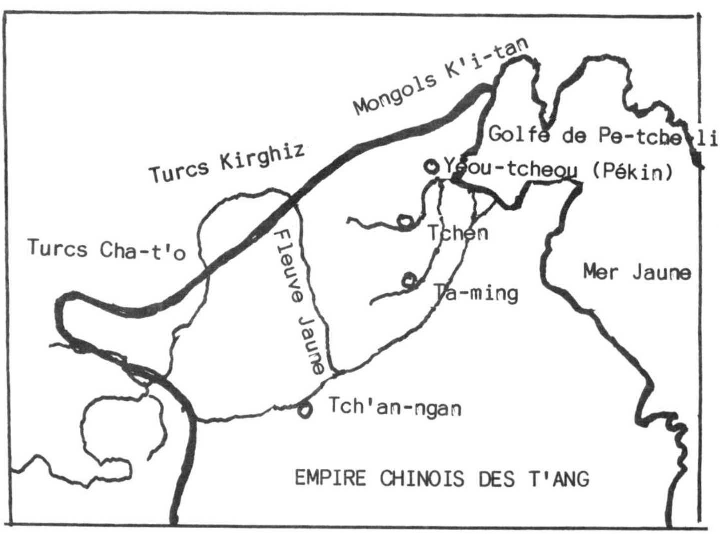


LE NORD DE LA CHINE A L'EPOQUE DE RINZAI

Tchen (actuellement Tcheng-ting) :
le gué sur la rivière Hou-t'o.

Ta-ming : les dernières années.

Tch'an-ngan : la capitale des T'ang.

Au nord de la Chine, la rivière Hou-t'o, née dans les Monts Wu-t'ai au Chen-si non loin de la Grande Muraille, suit un cours tortueux d'abord, puis à peu près parallèle à celui du grand Fleuve Jaune et se jette dans le golfe de Pe-tche-li (ou Petchili), qui est un récessus septentrional de la Mer Jaune, en face de l'actuel Port-Arthur. Elle partage son delta avec d'autres fleuves de moyenne importance, comme le Yün-ho ou le Tzu-ya dont les eaux se mêlent pour un temps à son cours inférieur, avant de s'épanouir dans les environs de Tien-tsin.

C'est à peu près à la jonction de la montagne et de la plaine, de la forêt et des terres cultivables que se trouve la ville fortifiée de Tchen, capitale de la Préfecture du même nom dans la province du Ho-pei. Elle est le siège d'une forte garnison militaire. Elle commande en effet le passage obligé du sud au nord de la Chine, et plus particulièrement de Han-K'éou à Pekin qui s'appelle à l'époque Yeou-tcheou : loin d'être une capitale, Pekin est seulement alors un ensemble de postes avancés qui défendent les frontières du nord et que protège la Grande Muraille. Situation précaire, au milieu du IXème siècle où les gentils voisins Ouïgours ont disparu en 840, leur Empire de Mongolie détruit par les redoutables Turcs Kirghiz qui se partagent avec les Mongols K'i-tan plus au nord et leurs frères turcs Cha-t'o ou Tchöl, les « gens du désert de sable », la domination des marches septentrionales de l'Empire Chinois.

A vol d'oiseau, la Mer jaune est à trois cent kilomètres à l'ouest et la Grande Muraille à cent kilomètres à l'est de Tchen.

La ville, entourée de murailles sommées de chemins de ronde où patrouillent jour et nuit des lanciers en armures et des archers habiles, est sur une hauteur à quelque distance du fleuve, sur la rive nord. Des cavaliers armés de hallebardes, de sabres, d'arcs et de flèches, montés sur leurs solides petits chevaux surveillent constamment les abords. Un espace dégagé sur le glacis, au pied des remparts permet aux nobles seigneurs de pratiquer le polo, le sport à la mode, et aux soldats de s'exercer, les jours de fête, aux concours de traction de la corde. Leurs équipes encouragées par un tintamarre de tambours et de cymbales rivalisent d'ardeur pour remporter les prix offerts par les autorités.

Dans ces régions, le pouvoir est exercé par des seigneurs souvent d'origine étrangère qui bénéficient d'apanages qu'ils se sont d'abord eux-mêmes conférés puis qu'ils ont fait confirmer héréditairement par le gouvernement central. Ils portent des titres nobiliaires ou administratifs tels que « commissaires impériaux » ou « contrôleurs généraux » ou encore, comme le Gouverneur Wang qui fut le protecteur de Rinzaï, « conseiller ordinaire », ce qui lui donnait le droit, en principe, « d'assister constamment » – c'est le sens littéral du titre chinois « t'chang-che » – l'empereur ou les princes impériaux. La Préfecture de Tchen est le siège du Gouvernement Général du Nord du Fleuve Jaune.

Wang Chao-yi, le gouverneur, a la réputation d'être un homme de bien, libéral et modéré, très aimé de ses subordonnés et de ses administrés. Il exerce le pouvoir civil et militaire et cherche à faire oublier par une vie honnête les frasques de son frère aîné et prédécesseur, Wang Chao-ting qui fut destitué et finit par mourir de ses débauches en 857. Le gouvernement central est loin, faible, en pleine décadence et la région jouit d'une grande autonomie. Comme beaucoup de ces seigneurs locaux, en cette fin de la dynastie T'ang, le gouverneur Wang se tourne sincèrement vers la religion et protège le bouddhisme. Ainsi, la terrible proscription de 842 à 845 n'eut que peu d'effet dans sa région.

Le gué sur le fleuve Hou-t'o est là, à l'endroit le plus favorable au franchissement. Les eaux ont quitté les parois abruptes de leurs vallées montagneuses pour commencer à s'épanouir dans des reliefs moins accentués, avant que ne se présentent les berges marécageuses peu praticables et la grande largeur qu'elles occuperont dans le delta. C'est un très bel endroit, un paysage que les artistes de l'époque ont su reproduire : les montagnes dans le lointain, des collines douces, quelques éperons rocheux persistants, des pins, des pruniers, des bouquets de bambous, la rivière dont les eaux sont encore bleues et transparentes, avec les hauts-fonds sablonneux assez facilement guéables, et tout autour, des champs, des prairies où paissent des boeufs, des fermes et des maisons aux toits de chaume entourés de haies vives, des « guinguettes » rustiques, des maisons de thé, des caravansérails pour loger les cavaliers, nourrir et soigner les chevaux, des ateliers de forgerons pour réparer les attelages des voyageurs, des marchands qui leur vendent des légumes frais et toutes les provisions nécessaires pour la route. Beaucoup de monde, de toutes les nationalités connues, de toutes les régions de la Chine, de toutes les conditions, des portefaix et des marchands, des grands seigneurs en somptueux cortèges, de nobles dames en palanquin avec leurs suivantes pomponnées et leurs serviteurs arrogants, des prostituées, des militaires en nombre considérable, simples fantassins ou puissants chefs de guerre qui vont rejoindre une lointaine garnison ou qui en reviennent, des prêtres taoïstes hostiles aux bouddhistes et peu aimés de la population, des moines mendiants, des religieux itinérants, des pèlerins dévots, des joueurs de flûtes et de tambourins, des troupes de danseuses et d'acrobates en tournée, des truands et des tirelaines à l'affût d'une bourse mal gardée, des bagnards la cangue au cou qui vivent de la charité publique, des vagabonds-poètes comme l'était Han-Shan Montagne Froide, le « clodo du dharma », les prédécesseurs de nos hippies modernes. S'y mêlaient beaucoup d'étrangers qu'on reconnaissait à leurs vêtements, à leurs jargons, mais aussi à leurs gros nez, à leurs moustaches, à leurs barbes fournies.

Sur la falaise de la rive nord, à quelque distance des murs de la ville, dominant le gué, le « petit moutier » que le Gouverneur Wang mit, selon toute probabilité à la disposition de Rinzaï. Au début, quelques bâtiments dont certains d'assez belle allure bâtis sur des socles en pierres appareillées, de grandes cours encloses de murs, et des terrains tout autour où il faudra bien vite construire des salles de méditation, des réfectoires, des dortoirs, des hôtelleries, tant les curieux, les visiteurs, les chercheurs d'absolu, les novices, les adeptes, les moines viendront nombreux, par centaines, de toute la Chine, pour recevoir l'enseignement abrupt mais illuminant du Maître.

Cet enseignement, hérité de son Maître Obaku, mais qu'il saura rendre tout à fait original, quel est-il ? Quel est son but, si l'on peut parler de but dans le zen ? Quelle est la manière employée par Rinzaï pour « accoucher » ses disciples, les faire venir au monde de l'être ? Quelle est sa « maïeutique », si l'on peut se permettre d'employer des mots savants à propos d'un homme qui ne s'embarassait pas de formules et récusait les termes philosophiques autant que les références aux classiques de la spiritualité ancienne ?

Le tch'an, le zen, n'est pas compliqué. Ce n'est pas une doctrine, pas même une religion, bien que la légende, l'histoire, la géographie, les conditions socio-économiques l'aient plus ou moins amalgamé au bouddhisme dont il se sera toujours démarqué d'ailleurs avec la plus grande vigueur. C'est seulement une expérience de vie. Elle engendre une prise de conscience qui nous fait passer du monde de l'avoir, limité, dépendant, superficiel, au monde de l'être où se trouve la véritable liberté de l'homme en accord avec son environnement.

L'enseignement du zen se résume à nous faire découvrir en nous-même les moyens de réaliser pleinement cette expérience, à nous faire trouver par nous-mêmes ce passage. C'est ce qu'on appelle en termes pompeux le satori, l'illumination, ou plus simplement, *l'éveil*.

Cette expérience libératrice du zen ne peut cependant se produire que si un certain nombre de conditions sont remplies. Si l'on regarde superficiellement, en effet, les circonstances extérieures qui ont conduit Rinzaï à réaliser sa propre illumination, on peut se demander pourquoi il lui a fallu attendre si longtemps. Les paroles de Ta-yu, les péripéties de ses allées et venues entre les deux maîtres, même les coups échangés, sont d'une banalité navrante : il n'y a rien là de spécialement transcendant. Aucun de ces faits ne réveille en nous ces grands élans d'une âme qui se libère des contingences. Toute cette histoire n'est même pas vraiment intelligible, ni « intelligente ». Plus on cherche à comprendre, moins on comprend.

C'est qu'il ne faut pas chercher à tout percevoir avec notre intelligence discursive, mais seulement se laisser porter par une sorte de mystère qui nous dépasse, en tout cas qui dépasse l'homme réduit à sa seule pensée consciente. Donc, pour que l'événement se produise, il importe d'abord, paradoxalement, d'avoir déjà une infrastructure intellectuelle suffisante, sans laquelle on ne peut évidemment pas dépasser l'intellect. Non moins évidemment, il est indispensable de sentir en soi, avec une force incoercible, ce désir de dépassement. En troisième lieu, il faut avoir su rechercher et trouver un maître digne de ce nom, qui sache, avec discernement et discrétion, assumer le déroulement des péripéties, en les vivant *avec* le disciple, mais sans les vivre *à sa place*, en un mot, qui lui fasse découvrir le « maître intérieur ». Enfin, il faudra accepter avec confiance la réalité d'un bouleversement qui viendra d'une région inconnue de notre nature profonde et qui transformera notre vie.

La pratique du zazen, la méditation assise qui est l'essence même du zen n'est pas la recherche passive d'une tranquillité intérieure. Cette manière de l'envisager est dénoncée avec la plus grande force par tous les maîtres chinois de cette époque et par Rinzaï lui-même. C'est au contraire un effort intense de concentration, sur la connaissance de soi d'abord, puis, dans l'oubli de notre moi, sur la fusion de tout notre être avec l'univers.

« Vous devez abandonner, dira quatre siècles plus tard Dôgen, une pratique fondée sur la compréhension intellectuelle, courant après les mots et s'en tenant à la lettre. Vous devez apprendre le demi-tour qui dirigera votre lumière vers l'intérieur, pour illuminer votre vraie nature. Le corps et l'esprit d'eux-mêmes s'effaceront et votre visage originel apparaîtra. »

Voilà donc Rinzaï installé dans son monastère où très vite les disciples vont affluer. Il aura des assistants qui le seconderont dans les tâches de la vie quotidienne, dans l'organisation, l'intendance, la discipline monastique et qui participeront bon gré mal gré à son enseignement. Certains dont on a conservé les noms seront parfaitement farfelus et donneront aux visiteurs non prévenus l'impression qu'ils vivent dans une maison de fous : toujours cette exigence de « tuer l'intelligence » qui peut prendre parfois des proportions incroyables. Il y aura, dans ce style du non-sens, un moine au comportement extravagant, un nommé P'ou-houa.

P'ou-houa et Rinzaï sont invités à déjeuner chez un donateur. La Maître sort avec un air savant une phrase banale sur l'infiniment grand et l'infiniment petit, tirée d'un ancien texte sanscrit, du style : « Un poil absorbe la vaste mer, un grain de moutarde contient le Mont Sumeru », ou quelque ânerie de ce genre et demande à ses interlocuteurs avec une encore plus grande cuistrerie :

_ « Est-ce là l'effet merveilleux d'un savoir supérieur, ou en est-il ainsi naturellement de la substance originelle ? »

P'ou-houa donne un grand coup de pied dans la table qui tombe à grand fracas.

Rinzaï à P'ou-houa : _ « Grossier personnage ! »

P'ou-houa : _ « Où vous croyez-vous ici pour parler de grossièreté ou de finesse ? »

Le lendemain, autre repas, chez un autre donateur.

Rinzaï : _ « Ce qu'on nous fait manger aujourd'hui, comment est-ce par rapport à hier ? »

P'ou-houa décoche un coup de pied et fait à nouveau tomber la table.

Rinzaï : _ « Tu n'a pas bientôt fini, grossier personnage ! »

P'ou-houa : _ « Espèce d'aveugle ! Est-ce que dans le bouddhisme on va parler de grossièreté et de finesse ? »

Le Maître alors lui tire la langue.

P'ou-houa multipliait les manifestations d'insanité, à tel point que les gens de la région le prenait pour un fou. Il dormait dans les cimetières, puis le matin se promenait sur les marchés en agitant une clochette et en chantant :

« Pour qui vient de l'obscurité,
Je l'agite dans l'obscurité.
Pour qui vient de la clarté,
Je l'agite dans la clarté.
Pour qui vient des dix directions et des huit côtés,
Je l'agite en spirale.
Pour qui vient du vide et de l'espace,
Je l'agite comme un fléau à battre le grain. »

Puis il tendait la main pour mendier une sapèque.

Le Maître envoya un assistant pour voir. L'assistant écoute la rengaine, puis saisit P'ou-houa à bras le corps et lui dit :

_ « Et pour ceux qui ne viennent d'aucun de ces endroits, qu'est-ce que tu fais ? »

P'ou-houa : _ « Demain, il y a un repas maigre au moutier de la Grande Compassion. »

L'assistant rend compte à Rinzaï qui dit, mais dans le contexte de ce propos, c'est une sorte de compliment :

_ « J'avais toujours eu des soupçons sur cet énergumène ! »

Lorsque l'enseignement de Rinzaï commença à s'étendre et à prospérer, P'ou-houa disparut aussi mystérieusement, aussi follement qu'il avait vécu. Un matin, au marché, il commença à mendier pour qu'on lui donne

« un vêtement cousu d'un seul tenant » – lisez un linceul – et tout le monde lui en donnait, mais il n'en voulait aucun. Rinzaï dit au moine administrateur de lui acheter un cercueil : même dans la Chine actuelle, c'est un cadeau qui se fait et qui peut parfois être somptueux. Alors P'ou-houa mit le cercueil sur son épaule et fit le tour des rues en disant : – « Rinzaï m'a fait faire un vêtement cousu d'un seul tenant. Je m'en vais à la Porte de l'Est pour ma mort (littéralement pour « ma transformation de transfert », « ts'ien-houa ») ».

Les gens le suivirent pour voir, mais il dit :

– « Non ! Ce n'est pas encore pour aujourd'hui. Demain, j'irai à la Porte du Sud pour ma transformation de transfert ! »

Et ainsi de suite, pendant trois jours. Le quatrième jour, les gens s'étaient lassés et il n'y avait plus personne pour le suivre. Il sortit tout seul hors des murs, se coucha dans le cercueil et demanda à un passant de le clouer. Ce qui fut fait. Aussitôt, la nouvelle se répandit et les gens du marché allèrent ouvrir le cercueil. Mais ils virent qu'il était vide et ils entendirent seulement un léger tintement de clochette dans les airs qui allait s'évanouissant.

Nous avons déjà quelque idée de ce qu'était la manière de Rinzaï, héritée de son maître Obaku pour éduquer ses disciples. Nous savons qu'il répugnait aux discours académiques, aux belles paroles diplomatiques, aux subtils développements dialectiques et qu'il parlait à ses moines avec une riche verdeur de langage :

– « Il y a une espèce de coquins chauves qui ne connaissent pas le bien et le mal, ils n'aiment qu'à faire des signes à l'est, des signes à l'ouest, à parler de la pluie et du beau temps, à compter les piliers et les lanternes et les poils de leurs sourcils ! Ils s'y connaissent dans les manières de tendre des traquenards ! Les apprentis qui n'y comprennent rien en ont l'esprit tout affolé. De pareils individus ne sont que renards sauvages, larves malignes, loups-garous diaboliques. On en fait des gorges chaudes de ces aveugles de vieux coquins chauves qui mettent le trouble dans le monde entier ! »

Aux apprentis, comme il les appelle, il montre d'emblée la voie, celle de son expérience :

– « Adeptes, si des moinillons sortis de la vie de famille veulent apprendre la Voie, ils n'ont qu'à faire comme moi, le moine de montagne. Naguère, je m'étais intéressé aux règles de la vie monastique, j'avais fait des recherches sur les textes et sur les traités. Puis je me suis aperçu que ce n'était là que drogues et remèdes de bonnes femmes et discours superficiels. Je me mis alors à m'informer en consultant des maîtres de tch'an et je rencontrai enfin un grand ami de bien : c'est alors seulement que mon oeil de la Voie commença à voir clair. Je reconnus en lui un de ces vieux maîtres dignes d'être révérés par le monde entier et je sus que la connaissance de ce qui est pervers et de ce qui est juste ne s'acquiert pas en se donnant seulement la peine de naître de sa maman. Il faudra encore aller en personne au fond des choses, s'épurer comme un minerai, se polir comme un miroir de bronze, et puis, un beau matin, on s'éveille. »

Il est difficile d'être plus clair. La vraie connaissance n'est pas innée. Elle ne s'obtient pas sans peine. Elle n'apparait pas subitement, à partir de rien. Elle demande une lente maturation, une préparation sérieuse, un travail sur soi-même de tous les instants, un effort *personnel* intense. On ne peut pas compter sur les autres, quels qu'ils soient pour faire ce travail à notre place. On ne peut pas, pour l'éviter, se réfugier dans une tour d'ivoire isolée des problèmes du monde. On ne peut pas trouver des échappatoires, même dans les valeurs les plus sûres, même dans les sciences les plus sophistiquées, même dans les recherches les plus avancées, même dans les idéologies les plus solides. Les systèmes de références les plus éprouvés ne nous proposent jamais sans effort des modèles invariables ou des certitudes irréfragables. Trop souvent nous ne voulons pas le comprendre, trop souvent nous hésitons à nous engager sur la voie difficile où nous pourrons rencontrer le véritable nous-même et simultanément connaître le vrai visage de notre environnement. Car ces deux éléments deviennent inséparables dès qu'on accepte de pénétrer avec toute notre volonté et toute notre énergie dans la sphère de cette plus haute écologie.

Rinzaï, pour faire entrer ces vérités dans les têtes dures n'hésite pas à blasphémer. Ecoutez-le et pensez au scandale que ses propos déchaînaient dans une Chine toute imprégnée de confucianisme et de culte des ancêtres.

_ « Adeptes de la Voie, voulez-vous voir les choses conformément à la Loi ? Gardez-vous de vous laisser égarer par les idées trompeuses des autres. Tout ce que vous rencontrerez au-dehors et même au-dedans de vous-même, tuez-le aussitôt. Si vous rencontrez un bouddha, tuez le bouddha ! Si vous rencontrez un patriarche, tuez le patriarche ! Si vous rencontrez un saint, tuez le saint ! Si vous rencontrez vos père et mère, tuez vos père et mère ! Si vous rencontrez vos proches, tuez vos proches ! C'est là le moyen de vous délivrer, d'échapper à l'esclavage, c'est l'évasion, c'est l'indépendance. »

Finalement, tous ces blasphèmes, tous ces paradoxes, toutes ces incohérences, toutes ces absurdités du zen sont destinés à nous faire sortir du monde du dualisme, du rationalisme, du conformisme qui est bien, en effet, un monde de servitude, pour nous faire entrer dans le monde du grand mystère de l'unité qui est le monde de la liberté.

Maître Eckhart le disait en des termes différents, mais avec autant de force :

– « Certaines gens simples s'imaginent qu'ils devraient voir Dieu comme s'Il se tenait là et eux ici. Cela n'existe pas ! Dieu et moi sommes un dans la connaissance. »

Il aurait pu dire aussi, dans le même sens comme Rinzaï :

– « Si vous rencontrez Dieu, tuez-le ! »

D'ailleurs n'a-t-il pas dit très clairement :

– « Deum ipsum quis blasphemando Deum laudat : celui qui blasphème Dieu loue Dieu ! »

Et aussi :

– « Dieu n'est ni bon ni le meilleur : toutes les fois que je dis que Dieu est bon, je parle aussi mal que si j'appelais noir ce qui est blanc ! »

Le plus extrême des paradoxes, pour cette époque en Occident chrétien lui restait à dire :

– « Toutes les créatures sont un pur néant : *unum purum nihil*. Je ne dis pas qu'elles sont de peu d'importance ou quelque chose d'autre, je dis qu'elles sont un pur néant ! »

Il renchérit même dans un autre sermon : « Dieu est néant ! (sermon « Quis putas puer iste erit ? »).

Le 27 mars 1329, par la bulle « In agro dominico », le Pape Jean XXII – Jacques Duèze, un Pape français d'Avignon – condamnait et réprouvait expressément, avec plusieurs autres, les deux premières de ces propositions comme hérétiques et la troisième comme malsonnante, téméraire et suspecte d'hérésie.

Rinzaï fut-il traité de la même manière par les hiérarchies spirituelles de son époque ? Probablement pas, car les maîtres du t'chan chinois ne dépendaient alors d'aucune autorité religieuse dogmatique organisée. Ils enseignaient justement le refus des dogmes, ils ne faisaient référence aux textes et aux lois que pour les rejeter vigoureusement. Ils parlaient de leurs maîtres vénérés avec le plus grand irrespect.

_ « Adeptes, ne prenez pas le Bouddha pour un aboutissement suprême. Je le considère, moi, comme le trou des cabinets, et les saints, les patriarches, comme des êtres qui chargent les hommes de cangues et de chaînes... Il n'y a absolument aucune loi réelle, ou, s'il y en a, elles ne sont que leurres pour épater la galerie, bulletins de victoire, documents factices ou autres faux-semblants. »

Il devait être conscient tout de même de la difficulté qu'on pouvait avoir à le comprendre et du scandale qu'il provoquait chez les bien-pensants, car il ajoutait avec humilité et cohérence :

_ « Ne prenez pas au sérieux ce que je vous dis... Mes paroles sont dépourvues de tout motif de crédibilité : ce ne sont que des dessins d'un instant dans l'espace, des images coloriées, des schémas pour l'enseignement.

Avec la même humilité, maître Eckhart apaisera, lui aussi, ses auditeurs décontenancés, dans le sermon « Quasi vas auri solidum » :

_ « A celui qui comprend, on a suffisamment prêché... Que celui qui ne comprend pas ne s'en soucie pas. »

Il faut croire pourtant que malgré sa difficulté l'enseignement de Rinzaï est apprécié à sa juste valeur, car sa renommée ne cesse de s'étendre dans toute la Chine. Les foules de pèlerins qui viennent l'entendre sont de plus en plus considérables et de plus en plus cosmopolites malgré la vie rude qu'on leur fait mener au monastère du gué sur la rivière Hou-t'o.

Bien avant l'aube commencent les longues heures du zazen matinal. Puis le gong sonne le premier repas de la journée. Les moines et tous les autres participants laïcs ou religieux se rendent en procession au réfectoire. Ils chantent les sûtras des repas :

– « Premièrement, je médite sur ce repas et sur son origine. Deuxièmement, je le reçois comme un présent en étant conscient de mes imperfections. Troisièmement, je m'efforce de garder le contrôle de mon esprit et de vaincre les attachements. Quatrièmement je prends cette nourriture pour rester en bonne santé. Cinquièmement, je la prends pour parvenir à l'éveil. »

Puis ils mangent en silence la bouillie de riz, quelques légumes, jamais de viande.

Grande effervescence ensuite pour les travaux du ménage, de la cuisine, du nettoyage, de l'entretien du jardin. Puis, en fin de matinée, c'est le moment important du sermon, le « chang t'ang », qui se passe toujours très solennellement. N'oublions pas que nous sommes en Chine et que même dans le tch'an, les rites sont respectés. Il le sont toujours, à peu près inchangés, dans le zen japonais moderne.

Le Maître « monte en salle », selon la formule habituelle, c'est-à-dire qu'il s'installe sur une haute chaire d'où il devrait, en principe, expliquer comme dans les autres branches traditionnelles du bouddhisme, les textes

Le repas.

canoniques, les doctrines orthodoxes. Mais chez Rinzaï, c'est très différent. Contrastant avec le cérémonial rigoureusement observé, Rinzaï emploie la langue vulgaire, avec des tournures elliptiques, des mots crus, souvent scatologiques. Il réprouve toute pensée discursive, tout ce qui ressemble de près ou de loin à une discussion abstraite, à un raisonnement logique, à une dialectique classique. Souvent, ses sermons se terminent avant d'avoir commencé. Après deux phrases, ou même sans avoir rien dit, il se lève et quitte la salle, quelle que soit l'assistance : gouverneurs, dignitaires, autres maîtres du zen, riches donateurs, peu lui importe, il les traite tous avec la même désinvolture. Seul le Gouverneur Wang a droit à quelques égards, bien peu ostentatoires néanmoins. A ces séances formelles d'une prédication qui ne l'est pas, assistent non seulement tous les moines, mais aussi ceux que l'on appelle les « hôtes du dehors » et qui sont souvent les demandeurs, sinon les organisateurs de ces « conférences ». Ils participent au dialogue, en font généralement les frais, heureux encore s'ils ne s'en tirent pas avec des coups de bâton ou des insultes publiques.

Le reste de la journée se passe en périodes de méditation assise entrecoupées de travaux manuels, avec des repas aussi frugaux que celui du matin, riz, légumes et céréales.

Au crépuscule, c'est le « che-tong », ou littéralement les « instructions données à la communauté », à l'assemblée des moines. Le Maître donne ses conseils, ses directives, toujours dans ce même style elliptique, vivant, pratique, allant droit à l'essentiel.

Le soir, avant le dernier zazen, avant d'aller dormir très tard, on mangera les restes ou rien du tout, seulement une pierre chaude sur l'estomac pour calmer la faim.

Tout au long de la journée, au jardin, dans les cuisines, pendant le travail, s'échangent entre le Maître et ceux qui se trouvent là, des « k'an-pien », dialogues-interrogatoires dont nous avons eu des exemples chez Obaku. Dans le langage « franglais » moderne, on appellerait cela des « clips ». Généralement très courts, significatifs, percutants, chargés de sens caché, ils sont une forme d'enseignement spécifique du tch'an de cette époque. Plus tard, ils constitueront la base d'une nouvelle méthode d'éducation du zen, celle des « koâns ».

Ce n'est pas tout. Entre temps, on peut demander à voir le Maître en privé pour lui poser une question particulière. Souvent, d'ailleurs, ces entretiens privés se déroulent en public et complètent les autres exercices. En outre, des visiteurs viennent en consultation suivant un protocole bien établi où chacun, le consultant et le consulté, le disciple et le maître, « l'apprenti » et « l'ami de bien », comme dit Rinzaï, joue un rôle spécifique et différent suivant les circonstances. Quatre cas peuvent se présenter : premier cas, c'est le visiteur qui met le maître à l'épreuve en lui proposant des sujets de discussion dont il ne peut pas se dégager ; deuxième cas, c'est le visiteur que le maître oblige à renoncer à ses questions ; troisième cas, les deux sont à égalité et se comportent comme des maîtres ; quatrième cas, tous deux se comportent en apprentis et font assaut de stupidité. Mais Rinzaï ajoute que, en tout état de cause, ce ne sont que des méthodes artificielles pour faciliter les rapports entre maîtres et disciples et qu'il faut éviter tout formalisme :

– « Tout cela ne tend qu'à discerner la vérité de ce qui en diffère, à reconnaître ce qui est pervers de ce qui est droit. »

Et Rinzaï explique :

– « Quant à ma manière d'agir à moi, celle que j'emploie aujourd'hui, elle est, en vérité, à la fois créatrice et destructrice. Je m'amuse à des transformations miraculeuses, j'envisage toutes sortes de situations, mais en restant *sans affaires* où que ce soit. Les circonstances ne peuvent me changer. Si quelqu'un me cherche, je sors immédiatement et je le regarde. Il ne me connaît pas. Alors, je met les déguisements les plus divers. Il tombe immédiatement dans le circuit des mots et des phrases en essayant de leur donner quantités d'interprétations. Quelle tristesse ! Ces crânes tondus aveugles, ces hommes qui n'ont pas d'oeil s'accrochent à mes vêtements et proclament qu'ils sont bleus, jaunes, rouges, blancs ! Et si je les enlève pour revêtir des idéaux de pureté, les voilà qui me suivent aussitôt avec délices et passion. Et si j'enlève encore tout uniforme, les voilà qui courent partout, frappés de stupeur et complètement perdus, en disant "Vous êtes nu !" Alors, je leur dis : "Le reconnaissez-vous enfin, *l'homme* en moi qui met les déguisements ?" Ils tournent la tête et enfin me reconnaissent en tout et pour tout. »

Si nous savons qu'il y a là un jeu de mot basé sur la similitude entre l'idéogramme qui signifie « vêtement, déguisement, uniforme » et un autre qui a pour sens « ce sur quoi on s'appuie », impliquant par conséquent une forte idée de dépendance, on comprendra mieux le comportement de Rinzaï avec ses disciples. Supprimer les points d'appui, les béquilles, les étais, les supports est évidemment indispensable pour atteindre l'éveil.

Rinzaï a bien plus d'un tour dans son sac pour y parvenir. Nous en connaissons déjà un certain nombre, les paradoxes, les contradictions, les exclamations, mais nous ne pouvons qu'imaginer les mimiques, les onomatopées, les gestes qui les accompagnent. Parfois, il répond à une question par un cri : « Hô ! » accompagné souvent d'une gifle ou d'un coup de poing ou d'un coup de bâton. Et parfois, il arrive que cela suffise à déclencher l'éveil. Ce cri eut un tel succès que Rinzaï dut, par la suite, interdire à ses disciples de le répéter inconsidérément. Il en distinguait quatre genres. Le premier, c'est une épée sacrée qui tranche et resplendit ; le second, c'est la force tranquille d'un lion à crinière dorée couché sur le sol ; le troisième, c'est une canne à pêche appâtée pour aller tirer les disciples des eaux agitées de la confusion ; le quatrième, c'est celui qui ne ressemble pas à un cri et ne joue aucun rôle.

Il y a pire. Rinzaï est, semble-t-il, l'inventeur, ou tout au moins le plus célèbre utilisateur de ce que j'appellerai le « rot satorigène », si l'on veut bien me permettre ce néologisme euphémique. Les commentateurs pudiques, lorsqu'ils ne peuvent pas le passer sous silence, préfèrent parler d'« éructation maïeutique », ce qui me semble une expression d'une grande cuistrerie, bien qu'elle soit médicalement et philosophiquement parfaitement justifiée. Du point de vie pratique, ils transcrivent cela du vieux chinois par l'onomatopée « kwats » ou « khât » en spécifiant qu'il faut bien prononcer le kh comme dans l'allemand ach, et à la finale un t implosif. Il parait donc que lorsque, dans certaines circonstances, le Maître rotait à la face de son disciple, cela coupait court à la discussion et provoquait même parfois une illumination subite. Auquel cas, le disciple rotait à son tour à la face du Maître. Et l'on viendra nous parler de la politesse asiatique ! Exemple :

Un moine demanda quelle était la grande idée du bouddhisme. Le Maître fit *khât* (entendez il lâcha un rot). Le moine s'inclina. Le Maître dit : – « En voilà un qui se montre capable de soutenir la discussion. »

Cette discussion, si on peut l'appeler ainsi, constituait l'essentiel d'un solennel sermon prononcé (!) en présence du Gouverneur Wang et de nombreux hauts fonctionnaires. Mais ils avaient été prévenus très nettement dès le préambule :

– « Si je monte sur cette chaire aujourd'hui, c'est que je ne puis faire autrement car si je m'en tenais à la tradition de notre lignée de patriarches et de disciples, je n'ouvrirais simplement pas la bouche. Mais prenant en considération la prière instante de Monsieur le Conseiller Ordinaire, comment pourrais-je en ce jour, cacher mes principes ? Si quelqu'un a une question à poser, qu'il le fasse devant l'assemblée. »

Et voilà les principes dévoilés dans la sonore réponse au moine qui pose la question-bateau et qui reçoit en pleine figure une curieuse définition de la grande idée du bouddhisme.

Il n'est pas question, heureusement, dans toute cette littérature, d'émission de gaz par d'autres orifices que la bouche. François Villon allait plus loin dans sa *Ballade où il crie merci* :

« Pour eulx je feisse petz et rottes
Voulontiers, si ne fusse assis. »

Comme pour le cri « Hô » qui en est, si l'on peut dire, un succédané réservé probablement aux cas où l'air expiré des poumons devait suppléer à la plus difficile extériorisation des produits de la chimie gastrique, Rinzaï distingue quatre sortes de rots. Le premier est dur et destructeur comme l'épée de diamant qui tranche toutes les attaches. Le second est insidieux comme le lion tapi : il guette l'adversaire. Le troisième est exploratif et appétitif : il met l'adversaire à l'épreuve. Le dernier agit sans agir : le comble de son efficacité est de n'en pas avoir, c'est le rot absolu, intemporel, suprême, idéal. Mais il faut évidemment un long entraînement pour parvenir à une telle distinction.

Il ne nous est pas extrêmement facile de suivre Rinzaï sur des chemins pareils. Dans ce monde rationnel, dans cet univers de dialectique rigoureuse, où nous fréquentons habituellement, nous nous complaisons aux sentiers bien tracés, bien définis, avec des poteaux indicateurs régulièrement espacés et correctement rédigés, avec des modèles honorables, des maîtres convenables, propres, bien élevés, fidèles aux règles, satisfaisants dans leurs manières de nous instruire et respectueux des conventions établies. Le noir est noir et ne sera jamais blanc. La vérité est une et indivisible. Les frontières sont bien tranchées, il n'y a pas, le long des voies de la connaissance dualiste, de « no man's land » imprécis, indéfini, inhabité, inexploré, dangereux, scandaleux. Et c'est pour beaucoup une manière agréable et confortable de voir le monde. Ou s'il arrive que se manifestent, dans ce système, de subites désorientations, des doutes sur son fonctionnement, aussitôt l'angoisse s'installe que toutes les drogues psychotropes de notre époque ne parviennent pas à neutraliser.

Or, il est évident et c'est un fait d'expérience dans la pratique de la vie intérieure, qu'une telle vision négative d'un environnement hostile incapable de répondre à nos désirs de compréhension logique, cessera aussitôt que nous aurons abandonné les luttes stérilisantes du dualisme et découvert la voie vers l'unité : tels sont les fondements du zen. Tel est le sens de cette écologie profonde vers laquelle nous devons diriger nos efforts.

Attention ! Ce que l'on appelle « l'occident » et qu'on oppose généralement à « l'orient » n'a pas le monopole exclusif des angoisses existentielles de cette sorte. Même en tenant compte de leurs spécificités particulières, je ne parviens pas à trouver d'oppositions inéluctables entre ces deux mondes. Il y a dans les esprits de l'un comme de l'autre, autant de dualismes, autant de volontés de s'en délivrer, quoique par des chemins différents, mais souvent complémentaires. « L'Est est l'Est, L'Ouest est l'Ouest, jamais ils ne se rencontreront », disait Kipling dans une phrase aussi célèbre qu'elle est stupide. Si l'un et l'autre abandonnent pour un temps leurs habitudes de dualisme forcené, ils sont destinés obligatoirement à se rencontrer.

« Tire-moi des bourbiers de la confusion et plonge-moi dans l'océan de l'Unité ! » priait Abd-es-Sâlam ben Maashish au XIIème siècle, tout près de l'endroit où j'écris maintenant ces lignes.

Les excentricités et les incongruités de Rinzaï tendent justement à forcer le passage vers la sortie du dualisme, par l'abandon des bourbiers de la confusion dans lesquels nous nous engluons. Le tout est d'être prêt à les recevoir avec l'esprit qui convient. C'est pourquoi Rinzaï ne cesse d'en définir à ses disciples les conditions indispensables. Pour décrire l'homme véritable, celui qui a abandonné toute discrimination, l'homme indéfinissable, celui qui ne suit pas les chemins ordinaires, celui qui ne se range pas sous les bannières flamboyantes des classifications, il parle de ce qu'il appelle *l'homme vrai, sans situation*, « wou-wei tchen-jen ».

– « Dans votre conglomérat de chair rouge, il y a un homme vrai sans situation qui entre et sort par tous les pores de votre peau. »

Un moine, évidemment demande comment est fait cet homme vrai sans situation, et qui il est. Le Maître descend de sa chaire comme un furieux, empoigne le moine à bras le corps :

_ « Dis-le, dis-le toi-même ! »

Le moine ne sait quoi dire. Le Maître le lâche :

_ « Le moine vrai, sans situation, c'est je ne sais quelle sorte de bâton merdeux. »

Ce terme de « bâton merdeux », qui désignait dans la vie courante l'ancêtre naturel de notre papier de toilette ne doit pas nous choquer outre-mesure. Il fut employé par plusieurs maîtres de zen de cette époque et notamment pas Iun-mên, autre fondateur d'école, à propos du Bouddha lui-même. Il veut dire tout simplement qu'il ne faut pas toujours chercher à nommer ce qui est, par définition, innommable, à ne pas chercher à évaluer ce qui est inévaluable, à ne pas chercher à définir ce qui est indéfinissable.

« Adeptes, il y a certains crânes tondus qui appliquent leurs efforts à l'intérieur et s'imaginent trouver en eux une loi pour se retirer du monde. Comme ils se trompent ! Chercher le Bouddha, c'est perdre le Bouddha. Chercher la Voie, c'est perdre la Voie. Chercher les Patriarches, c'est perdre les Patriarches. Ne vous y trompez pas, mes vénérables ! Je me moque pas mal que vous sachiez expliquer les textes et les traités, que vous soyez de grands sujets du Roi, que vous discutiez intarissablement comme des cascades, que vous fassiez preuve d'intelligence et de sagesse. Tout ce que je vous demande, c'est d'avoir la vue juste. Mieux vaut être un modeste maître *sans affaires* que de savoir interpréter cent volumes de textes ou de traités, ce qui conduit à mépriser les autres... La fausse science qui fait croire à la personnalité et au moi nourrit des actions qui aboutissent à l'enfer... Mieux vaut être *sans affaires* et se mettre au repos :

« Lorsque j'ai faim, je mange,
Quand vient le sommeil, je dors,
Le sot se rit de moi ;
Le sage me connaît. »

Adeptes, ne cherchez rien dans la lettre ! Vous vous fatigueriez l'esprit, vous ne feriez que respirer de l'air froid qui vous rendra malades. Mieux vaut ne laisser naître aucune pensée de production conditionnée. On dépasse ainsi toutes les études qui ne sont qu'expédient. »

Rinzaï insiste constamment, et c'est certainement ce que signifie son « sans affaires », sur la nécessité de ne compter que sur nous-mêmes, si nous voulons acquérir la vraie connaissance, indépendante des livres et des études. Il faut avoir assez de foi dans les possibilités de l'homme pour abandonner toutes ces béquilles si utiles par ailleurs et tous ces expédients provisoires des assistances extérieures.

« Si aujourd'hui les apprentis ne réussissent pas, où est leur défaut ? Leur défaut est de ne pas avoir foi en eux-mêmes. C'est pour cela que vous vous pressez tant à courir après tout ce qui vous est extérieur, vous laissant détourner par ces dix mille objets. C'est pour cela que vous ne trouvez pas l'indépendance... »

La foi en l'homme vrai n'exclut pas le doute, bien au contraire, mais le Maître I'an Tchên du monastère de Fo-tei a réglé magistralement son compte au doute :

道非心外更何求
睫在眼前長不見

Vos cils sont devant vos yeux
Et vous ne les voyez pas.
La vérité n'est pas hors de votre esprit,
Pourquoi la chercher ailleurs ?
Poème de Po-Mou 杜牧 (Xème siècle)

« Quand il y a assez de foi, il y a assez de doute, ce qui traduit un grand esprit d'investigation et quand il y a un grand esprit d'investigation, il y a illumination ».

Mon Maître de zen, Sengoku-Rôshi, m'avait un jour donné un poème chinois écrit à peu près à l'époque où vivait Rinzaï :

« Vos cils poussent devant vos yeux,
Mais vous ne les voyez pas.
La vérité n'est pas hors de votre esprit.
Pourquoi la cherchez-vous ailleurs ? »

« Vous prenez pour argent comptant les paroles de ces espèces de vieux maîtres et vous pensez que c'est là la vraie Voie et qu'ils sont des amis de bien admirables et que ce n'est pas à vous, avec votre esprit profane d'oser vous mesurer à ces anciens ! Gnomes aveugles ! Voilà à quoi vous passez votre vie, sans vous fier au témoignage de vos deux yeux ! Et vous êtes là à trembler comme des ânons sur la glace, les dents serrées par le froid. Ce n'est pas moi, dites-vous qui oserais en penser du mal, j'aurais trop peur de commettre un péché de bouche ! Ah, c'est qu'il faut être un grand ami du bien pour oser dire du mal des Bouddhas et des Patriarches, pour oser critiquer le monde, incriminer l'enseignement des trois canons, injurier les petits enfants qui viennent à vous, et pour aller ainsi chercher *l'homme*, soit en le prenant à rebours, soit en s'adaptant à lui. Depuis plus de douze ans, j'en cherche un qui soit capable d'agir, mais je n'en ai pas trouvé plus gros qu'un grain de moutarde. Il me semble que les maîtres de t'chan à qui nous avons à faire sont aussi timides que des jeunes mariées, et n'ont qu'une crainte, celle d'être chassés de leurs monastères, privés de ce qu'on leur donne à manger, de leur sécurité, de leurs aises. Jamais depuis l'antiquité on n'a cru aux pionniers d'avant-garde et il a fallu qu'ils fussent délogés par d'autres pour qu'on reconnaisse leur valeur. Celui qui est approuvé par tout le monde, à quoi est-il bon ? Mais le rugissement du lion fait éclater la cervelle du chacal. »

Etre sans affaires, c'est la grande affaire. C'est le détachement. C'est l'indépendance. Encore s'agit-il de ne pas en faire une forme de parasitisme spirituel, car, comme dit Gaston Berger, « le détachement n'est pas un refus, mais une acceptation, acceptation de la valeur, acceptation de l'existence comme moyen de s'approcher de la valeur et de la manifester ». Aucun texte, aucun enseignement ne peut, à notre place, nous le faire découvrir. Il faut tout oublier et tout retrouver.

« C'est ce dont sont incapables les apprentis actuels, car ils prennent au sérieux les noms et les mots et ils en tirent des interprétations. Sur de grands cahiers, ils copient les paroles de vieux gaillards défunts, ils les enferment dans des enveloppes d'étoffe, trois couches, cinq couches, pour ne pas les laisser voir aux gens, disant que ces textes renferment *l'idée mystérieuse* et qu'il y a lieu de les conserver précieusement. Gnomes aveugles, quelle grave erreur ! Quelle vie allez-vous chercher dans ces os desséchés ? Il y a des gens ignorants du bien et du mal qui tirent des spéculations et des discussions de l'enseignement et qui en font des commentaires phrase par phrase. C'est comme s'ils mettaient dans leur bouche des morceaux de merde et les recrachaient pour les transmettre à d'autres... Et ils passent ainsi toute leur vie pour rien... Cette engeance-là se verra transférée dans un autre univers, expédiée en enfer pour y subir des tourments ! »

Si l'homme, cependant, se dégage de tout ce fatras de fausses sciences, s'il a la sagesse de rechercher en lui, avec foi, la vérité, il parvient à l'indépendance, à la liberté la plus totale. Il est *l'homme vrai, sans affaires,* « wou-wei tchen-jen ». C'est l'idéal. Mais de ces sommets, Rinzaï sait nous faire descendre pour nous ramener dans la vie de tous les jours la plus simple, la plus humble, la plus ordinaire.

« Adeptes, il n'y a pas de travail dans le zen. Le tout est de se tenir dans l'ordinaire et sans affaires : chier et pisser, s'habiller et manger... Soyez votre propre maître où que vous soyez et sur le champ vous serez vrais... »

Karlfried Graf Dürckheim disait aussi, mais moins crûment, que le véritable Maître était celui qui nous faisait découvrir tout simplement le Maître Intérieur, c'est-à-dire nous-même.

Rinzaï passa une dizaine d'années, au gué de la rivière Hou-t'o, dans les exercices du zazen dont l'intense effort de concentration doit être une lutte acharnée contre la tranquillité passive, dans l'élaboration par des moyens indirects comme la parole ou directs comme les coups, les cris, les éructations, d'un système de maturation et d'éveil de l'intuition, dans la direction précise de tout un monde de disciples, moines, laïcs, oiseaux de passage ou résidents permanents. Ceux qui pensaient trouver là un foyer de culture intellectuelle en étaient pour leurs frais. Tout ce qu'on leur proposait était l'inconfort, le sentiment de malaise, la nuit obscure qui accompagnent la recherche du maître intérieur. Et souvent, au bout du tunnel, c'est la forte impulsion du Maître extérieur qui permet de franchir les derniers pas avant la lumière. Alors, l'homme change, son environnement change, il a accès au monde nouveau de la transcendance qui est notre véritable niche écologique.

« Survinrent des vicissitudes militaires et le Maître s'en alla » disent les textes.

On ne sait pas très bien de quoi il s'est agi. Il y avait alors, dans ces régions de fréquentes escarmouches entre les seigneurs de la guerre et nous avons vu que le gouvernement central n'avait aucune autorité, que les hordes barbares du nord n'étaient pas très éloignées. Le moutier hors des murs devenait un séjour dangereux. Il fallut en un premier temps le transférer à l'intérieur des remparts, dans une maison prêtée par un haut dignitaire. Mais ce ne fut sans doute pas une bonne solution, car peu après, Rinzaï émigra dans le sud du Ho-pei, à plus de trois cent kilomètres de là, dans un monastère des environs de la ville actuelle de Ta-ming, invité par un nouveau protecteur, le Grand Pacificateur Président du secrétariat Impérial, Ho Tchong-chouen. Il y vécut dans le Pavillon de l'Est réservé aux anciens supérieurs de monastères à la retraite.

Un jour, soudain, sans être malade, écrit un de ses disciples, il arrangea ses vêtements et s'installa sur son siège, puis dit :

_ « Après ma mort, il ne faudra pas laisser s'éteindre mon Trésor de l'Oeil de la Vraie Loi (lisez mon enseignement). »

Un vieux disciple, San-cheng, sortit de l'assemblée :

_ « Comment oserions-nous, maître, laisser s'éteindre votre Trésor de la Vraie Loi ? »

Le Maître : _ « Si plus tard, les gens t'interrogent, que leur répondras-tu ? »

San-cheng lâcha un rot tonitruant et le Maître dit :

– « Qui l'eut cru que mon Trésor de la Vraie Loi s'éteindrait avec cet âne aveugle ! »

Puis il se redressa bien droit et il mourut.

Incorrigible !

C'était le 18 Février 867, le dixième jour de la première lune de l'année Ting-hai, huitième de l'ère Hien-t'ong des T'ang. D'autres auteurs disent que c'était le 27 Mai 866. Cette précision dans l'imprécision eut certainement ravi Rinzaï.

Ainsi, nous avons vu vivre et mourir et enseigner ce vieux maître de zen, nous avons eu un aperçu de ce qu'il n'aurait pas voulu appeler sa doctrine, nous avons parcouru avec lui les routes de son pays, nous avons connu l'ambiance dans laquelle il a passé sa vie. En bref, l'homme et son environnement nous sont maintenant familiers. Mais il peut sembler que les différences entre son époque et la nôtre, entre son pays et les nôtres soient trop importantes pour que nous puissions en tirer quelque enseignement applicable à l'homme du XXème siècle dans ses rapports avec son milieu.

Pourtant, au-delà de la verdeur du langage qui n'est pas du tout anachronique, il y a dans sa pensée quelque chose d'universel qui le rend tout à fait moderne.

Il a, d'abord, au plus haut point, ce souci de *l'homme* dépouillé de ses artifices, l'homme vrai dans lequel nous nous reconnaissons d'autant mieux qu'il est « sans affaires », donc disponible. Et la disponibilité est l'élément initial essentiel de la qualité de notre vie dans ses rapports au reste du monde. Elle est pour beaucoup un idéal apparemment inaccessible, mais Rinzaï nous dit que nous pouvons l'atteindre pour peu que nous ayons foi en nous-mêmes. C'est déjà une belle leçon d'optimisme et notre époque en a besoin plus que jamais.

La quête incessante de l'indépendance, le refus d'accepter les modèles éteints du passé, les répugnances vis-à-vis des textes, des théories, des conventions, les réactions brutales contre les fausses gloires qui cherchent à s'imposer marquent aussi notre temps comme ils ont ponctué sa prédication en incessant motif conducteur.

Enfin, dans tout ce que nous connaissons des paroles de Rinzaï comme de ses faits et gestes, se retrouve aussi sa préoccupation constante de voir l'homme vrai s'insérer harmonieusement dans son milieu physique, intellectuel, spirituel, cosmique :

« Solitaire luit la lune, fleuves et monts sont paisibles,
Mais un homme éclate de rire et l'univers tressaille ! »

Rinzaï est, à ma connaissance, le premier théoricien de l'écologie. Il ne se contente pas d'en poser les bases primordiales, mais il donne aussi les solutions. Le texte célèbre des instructions données aux moines à l'assemblée du soir – les quatre propositions « sseu-leao-kien » de Rinzaï – peut se lire à plusieurs niveaux, dans sa lettre comme dans son esprit.

# Deuxième Partie

# L'ECOLOGIE

# I

# A L'ASSEMBLEE DU SOIR :

# L'HOMME ET L'ENVIRONNEMENT

晩参示衆人境

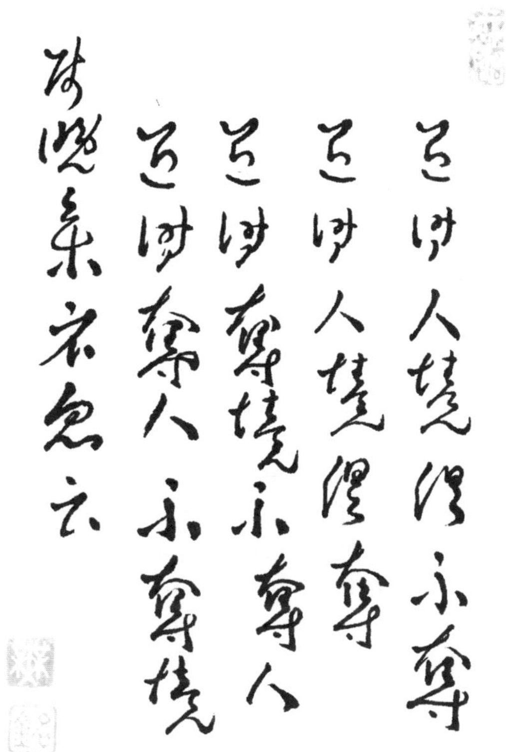


A l'assemblée du soir, le maître donna à la communauté cette instruction :

– parfois, on supprime l'homme, mais on ne supprime pas l'environnement ;

– parfois, on supprime l'environnement, mais on ne supprime pas l'homme ;

– parfois, on supprime ensemble, l'homme et l'environnement ;

– parfois, on ne supprime ni l'homme, ni l'environnement.

« La nuit vient sur le monastère. les oiseaux se taisent. Le son de la cloche et la psalmodie des moines montent au-delà des nuages. Je contemple les montagnes blanches et le reflet de la lune dans l'eau de la rivière. J'écoute le chant des sources et le bruissement du vent dans les feuilles. Mon âme s'élance au-delà des choses visibles, errante et captive à la fois... »

示衆晩参

T'ao Han qui écrivit ce poème connut-il le monastère au gué de la rivière Hou-t'o ? Ce soir-là, sa description aurait bien pu fidèlement rendre compte de la douce mélancolie du jour finissant où Rinzaï s'apprêtait à monter en sa haute chaire de bois pour y donner ses instructions à la communauté. C'était l'heure du « che-tchong ». J'imagine que l'on était au printemps où les soirées sont déjà longues où la vie se fait plus douce, où le sentiment de la nature s'épanouit plus facilement devant la luxuriance et l'abondance de ses dons.

J'imagine que cette sensation plus charnelle de communion avec la vie cosmique incita le Maître à traiter spontanément, au moment où s'installait le crépuscule, du problème de nos rapports avec notre milieu vital. Il le fit à sa manière, simple et directe comme nous l'avons vu, en peu de phrases, mais en faisant cependant le tour complet de la question.

J'imagine les moines assis là, sur le sol, dans la grande salle du sermon, bien alignés. Parmi eux, des auditeurs laïcs, peu nombreux, seulement ceux qui font habituellement partie de la communauté et qui deviendront peut-être un jour des novices. Tous sont déjà instruits, certains sont des disciples de longue date. Peut-être quelques Maîtres venus en visite de monastères voisins se sont-ils joints aux adeptes permanents. L'assistance est de qualité spirituelle remarquable, bien que Rinzaï les appelle tous des apprentis et n'hésite pas à les traiter de tous les noms : crânes tondus, gnomes aveugles ou larves malignes ! Mais les visiteurs occasionnels, les curieux, les oiseaux de passage, ceux qui venaient seulement prendre « un petit air de zen », comme beaucoup le font encore aujourd'hui, sont déjà partis : ils ont assisté au sermon solennel du matin qui les a probablement laissés sur une déception d'autant plus grande qu'ils croyaient qu'il fallait comprendre quelque chose ; ils ont participé aux séances de zazen et, de la longue posture immobile, n'ont gardé, la plupart du temps, que le souvenir cuisant des épaules meurtries par les coups de « kyôsaku » et l'inflammation douloureuse des articulations forcées. Puis ils sont retournés chez eux. Le soir, dans le monastère, on est entre soi. Règne au fond de la pièce, discrète puisqu'il ne faut pas s'attacher aux images ni aux modèles, une statue du Bouddha. Brûlent des bâtonnets d'encens dont la fumée monte en un parfum d'agréable odeur vers les poutres du plafond. Le Maître doit donner, en principe, à ce moment-là, ses directives, pratiques, techniques, précises. Mais avec Rinzaï, on peut s'attendre à tout.

Il s'installe dans sa chaire, replie ses jambes, arrange sa robe autour de ses genoux, tousse un peu pour s'éclaircir la voix et parle. Quatre phrases, vingt-sept syllabes en chinois ordinaire et tout est dit sur nos relations possibles au monde.

Le maître s'apprête à monter en chaire.

師 Maître
晚 soir
參 assemblée
示 instructions
眾 communauté
云 parler

有 certains
時 moments
奪 supprimer
人 homme
不 ne pas
奪 supprimer
境 environnement
有 certains
時 moments
人 homme
境 environnement
俱 ensemble
奪 supprimer

有 certains
時 moments
奪 supprimer
境 environnement
不 ne pas
奪 supprimer
人 homme
有 certains
時 moments
人 homme
境 environnement
俱 ensemble
不 ne pas
奪 supprimer

– « Voilà ce que vous pouvez faire, dit Rinzaï. Vous pouvez supprimer l'homme et garder l'environnement. Vous pouvez supprimer l'environnement et garder l'homme. Vous pouvez supprimer ensemble l'homme et l'environnement. Vous pouvez garder ensemble et l'homme et l'environnement. »

Pas plus.

Nous continuons, maintenant, douze siècle plus tard et surtout depuis les vingt dernières années, à réfléchir là-dessus, mais il nous serait difficile de poser le problème d'une manière plus concise que ne le fit Rinzaï. Nous écrivons beaucoup sur l'écologie. Nous écrivons beaucoup sur l'homme. Nous écrivons beaucoup sur l'environnement. Nous avons des spécialistes remarquables qui sont à l'écoute du monde et nous transmettent ses messages. Nous avons des maîtres qui s'efforcent de mettre au point des méthodes pour que nous sachions déchiffrer ces messages. Et c'est vrai aussi qu'il peut nous arriver d'être saisis par une grâce particulière qui nous donne tout à coup l'impression d'une plénitude, d'une communion avec le monde. Nous devenons, pour un éclair d'éternité, sensibles à cette vie cosmique qui est toujours en nous mais que nous ne savons pas découvrir.

Nous voudrions prolonger cette vision fugitive, mais très vite, elle nous échappe : nos récepteurs personnels ne sont pas suffisamment forts pour en assurer la rémanence. Parfois, on cherche des succédanés.

Hélas, il ne suffit pas, malgré l'envie que nous pourrions en avoir et toute la sympathie que nous inspirent ces nostalgiques, de se laisser pousser la barbe, d'aller dans la montagne et d'élever des chèvres pour retrouver les paradis perdus.

Kyôsaku : le bâton d'admonition...

Kyôsaku : le bâton d'admonition...

Zazen,
l'homme vrai, sans situation...

Alors, que faut-il faire ?

Il faut apprendre à connaître *l'homme*. Il faut apprendre à re-connaître notre *environnement*. Tel est le premier degré.

o

Et d'abord, découvrons **l'homme**, dans son histoire et dans sa structure, dans sa grandeur et dans sa faiblesse, dans sa fonction et dans son devenir.

« Il y a beaucoup de miracles, disait Sophocle, mais rien n'est plus miraculeux que l'homme. ». Et Rinzaï : « le vrai miracle..., c'est de marcher sur la terre ».

Oui, notre longue histoire, l'aboutissement auquel elle nous a déjà menés, nous donnent de légitimes sujets d'émerveillement et le droit de crier au miracle. Et nous sommes loin de tout savoir encore sur l'homme, bien que depuis quelques décennies, nous ayons accumulé infiniment plus de connaissances que pendant les millénaires précédents. Que de découvertes extraordinaires nous attendent encore ! Et que de contradictions nous troublent encore dans la nature humaine !

« Quelle chimère est-ce donc que l'homme ! _ dit Pascal _ Quelle nouveauté, quel monstre, quel chaos, quel sujet de contradictions, quel prodige ! Juge de toutes choses, imbécile ver de terre, dépositaire du vrai, cloaque d'incertitude et d'erreur, gloire et rebut de l'univers ! »

Karlfried Graf Dürckheim me faisait observer un jour que pendant toutes nos études, de philosophie et de psychologie pour lui, de médecine pour moi, nous n'avions jamais eu un seul cours sur l'homme. Certes, tout ce que nous avaient enseigné nos maîtres concernait bien l'homme : on nous avait appris jusque dans les moindres détails, comment étaient faits dans leurs structures intimes nos cellules, nos tissus, nos organes et comment ils s'étaient développés et comment ils fonctionnaient, et comment ils pouvaient se dérégler et ce qu'il fallait faire pour suppléer à leurs déficiences. Nous savions sauver des vies humaines, restaurer des fonctions perturbées, consolider des psychismes déficients, pénétrer les secrets de la pensée. On nous avait appris à guérir l'homme, mais savions-nous ce qu'est l'homme global, l'homme total, l'homme vrai ? Savions-nous répondre à la question primordiale : qu'est-ce que l'homme ?

Les dictionnaires nous donnaient leurs définitions : « mammifère bimane à station verticale doué de langage et de raison ». Ou encore, comme dit Littré dans le style de son époque : « animal raisonnable qui occupe le premier rang parmi les êtres organisés et qui se distingue des plus élevés d'entre eux par l'étendue de son intelligence et par la faculté d'avoir une histoire, c'est-à-dire la faculté de se développer, d'agrandir sa nature grâce à la communication avec les ancêtres et d'augmenter ses richesses intellectuelles et morales ». Et il ajoute : « en ce sens, c'est un terme d'espère qui comprend les deux sexes ». Ce qu'un humoriste traduisait plus tard : « l'homme est un terme générique qui embrasse aussi la femme ! » Car nous n'avons pas en français, comme dans la plupart des langues étrangères deux mots distincts pour désigner l'homme en tant qu'espèce humaine et l'individu mâle de cette espèce. Les japonais ou les chinois désignent très précisément par 人 la personne humaine, par 男 l'homme et par 女 la femme. Le premier de ces caractères, une silhouette en marche est une clé, c'est-à-dire un signe important à partir duquel on en construit de nombreux autres : au moins deux cent cinquante idéogrammes chinois qui tous expriment une qualité ou une action humaines s'écrivent en commençant par cette clé. En outre, elle se retrouve dans de multiples combinaisons. Nous avons déjà vu qu'avec 門 qui figure une porte à deux battants, 日 et le soleil 間 derrière, ce caractère prend le sens général de l'humanité 人 間. L'être humain en marche dans l'espace-temps.

Ce fut une longue marche.

Deux milliards d'années avant nous, des algues bleues démontraient déjà timidement que la vie de l'homme deviendrait possible un jour. Un peu plus d'un milliard d'années plus tard, il y eut des êtres unicellulaires avec une enveloppe, un protoplasme, un noyau : des protozoaires, comme les amibes, ancêtres du règne animal. Et puis, l'une de ces amibes tomba malade. Dans son milieu intérieur, son protoplasme, des substances chimiques s'étaient rencontrées, avaient réagi entre elles et précipité leurs sels en une substance dure, un minuscule gravier. Ce fut le premier os. De ce calcul d'une amibe, naquirent les vertébrés : des poissons osseux, puis des reptiles, puis les grand dinosaures, puis les premiers mammifères, puis les premiers primates. Nous sommes à moins soixante-dix millions d'années. Encore vingt millions et ce sont les premiers grands singes. Notre lignée se précise. Les hominoïdés apparaissent. Aegyptopithèque, notre arrière-arrière grand oncle est bientôt là, en Egypte et en Arabie. Il ressemble à un chat, marche à quatre pattes, grimpe aux arbres. On dit qu'il est intelligent, joueur, sociable. Il va bientôt se transformer. Arrive l'ouranopithéque, dix à douze millions d'années avant nous, dont certains affirment qu'il est, non plus notre arrière-arrière grand oncle, mais bien notre arrière-grand-père. Il se tient debout, donc il libère ses mains pour porter des charges. Par conséquent, son cerveau va peut-être commencer à grossir. Et ces hominoïdés vont peut-être commencer à devenir des hominidés. Grande différence : on sent qu'une pensée va naître. A l'horizon de quelques millions d'années sans doute encore, mais elle est là en puissance. Il faut avouer cependant qu'on discute ferme maintenant, dans les cercles scientifiques, de notre parenté directe avec l'ouranopithèque. Cela n'empêche pas d'autres ancêtres, dans les mêmes temps, de traîner leurs silhouettes dégingandées et bipèdes, un peu partout dans le monde. Ils ne savent pas encore qu'on leur donnera des noms bizarres : ramapithèque, gigantopithèque, kényapithèque et qu'ils auront pour fils les gorilles, les orang-outangs et peut-être les hommes. Puis, tout à coup, il y a sept millions et demi d'années, grand bouleversement du Monde : l'Afrique se coupe en deux par une faille profonde. A l'ouest, persistent les grandes forêts humides, à l'est surélevé s'installe la savane sèche. Il va falloir s'organiser pour survivre de part et d'autre. Tel est le problème auquel se trouve confronté le kényapithèque qui menait jusque là une vie bien ordinaire. Kényapithèque de l'ouest continuera la même petite vie tranquille sans grands changements et deviendra au fil du temps et des échanges génétiques chimpanzé ou gorille. Son collègue de l'est aura la vie difficile, il devra constamment s'adapter pour survivre. Ce ne sera pas très confortable, mais au bout de l'épreuve, il y aura l'homme. Kényapithèque de l'est est mal dans sa peau et c'est pourquoi il doit évoluer. A moins sept millions d'années, il devient motopithèque, découverte japonaise, mais l'industrie de Monsieur Honda n'est pour rien dans sa dénomination : moto 本 en japonais signifie « origine, source ». Nous sommes bien aux origines de l'humanité. Cinq cent mille ans encore et ce sont nos premiers australopithèques : des marginaux que leurs congénères considèrent peut-être avec une certaine commisération, mais qui s'adaptent bien, se redressent de plus en plus au-dessus des hautes herbes afin d'examiner leurs alentours, apprennent à diversifier leur alimentation au gré des approvisionnements possibles. Premiers observateurs, premiers diététiciens. Il y en aura plusieurs modèles, des robustes, grands, lourds, massifs, et des graciles, fins, minces, délicats.

Voici que nous apparait la petite Lucie qui vivait il y a trois millions et demi d'années. Yves Coppens la découvre presque toute entière en 1974. Elle est belle, elle est mince, elle a vingt ans, c'est le printemps. Nous la voyons au Musée de l'homme, délicat squelette disposé comme une rivière de diamants sur son présentoir. Elle a déjà le même nombre d'os que nous, elle nous ressemble déjà. Lucie, petite grand'mère de vingt ans, comment vivais-tu, comment pensais-tu, au lointain de tes trente-cinq mille siècles ? Pour un peu, nous pourrions devenir amoureux de toi, et j'imagine que pour tes découvreurs, ce fut un coup de foudre !

Et les cerveaux augmentent de volume. Trente centimètres cubes seulement pour l'aegyptopithèque, mais un lobe frontal qui donne les signes précurseurs d'une expansion souhaitée. Six cents centimètres cubes pour Lucie. Comment aurait-elle pu ne pas encore penser ? Nous qui faisons les fiers, nous n'avons que deux cents centimètres cubes de plus qu'elle.

Les australopithèques utilisent des outils, de temps en temps, sans trop encore s'y attacher. Ils sont déjà sur leur déclin lorsqu'ils voient apparaître il y a trois millions d'années un maniaque de l'outillage, c'est l'homo habilis. Le groupe enfin auquel nous appartenons sans contestation possible et qui se perpétuera jusqu'à nous, avec des hauts et des bas, des déviations, des diverticules dont le plus connu est le cul de sac néanderthalien.

Homo habilis a déjà la bougeotte. Vers moins deux millions d'années, il commence à parcourir le monde : il est bientôt en Europe, en Asie. Il invente de nouveaux outils, de nouvelles techniques, il prend du recul avec son environnement, il devient dominateur, il acquiert liberté et dignité. Homo habilis passe le flambeau à homo erectus qui le transmettra à homo sapiens. Homo sapiens sapiens : c'est nous ! On a deux fois redoublé l'adjectif pour mieux caractériser le stade où nous sommes maintenant et pour nous distinguer d'homo sapiens neanderthalis ou de nos autres cousins de la même branche. Sommes-nous deux fois plus sages que notre premier véritable ancêtre ?

Dès nos débuts tout va très vite. Nous perfectionnons nos tactiques de chasse. Nous nous protégeons contre le froid en fabriquant des vêtements, en découvrant la manière de faire le feu sans plus devoir l'attendre problématiquement du ciel. Nous parlons. Nous inventons des langages. Nous créons des couteaux, des haches, des flèches, des grattoirs de plus en plus efficaces et nous construisons des maisons. Insensiblement, nous sommes devenus des intellectuels, des industriels, des concepteurs, des décideurs, comme on dit maintenant. Et nous avons vécu longtemps en société, en tribu, en clan, en famille, nous avons inventé et pratiqué des règles communautaires et, ce faisant, nous sommes devenus des moralistes.

Parmi nos intellectuels et nos moralistes, quelques individus plus intériorisés, plus reliés aux mystères de la vie, par tempérament, par inclination, par expérience, se font les intermédiaires entre le visible et l'invisible. Depuis mille siècles au moins, ils nous laissent le témoignage de leur respect pour la mort, c'est-à-dire de leur intuition d'un au-delà. L'homme métaphysique, l'homme mystique, en tous cas l'homme religieux est né. Du cosmique au cosmétique, il y a peu de distances, et le second naît du premier, les amulettes deviennent bijoux, les peintures rituelles deviennent fards. Oh que la vie est belle quand la coquetterie se fait habituelle ! On se pare, on se met des colliers, des bracelets, on se maquille, on enjolive les apparences, mais on ne manque pas de rendre les mêmes devoirs aux corps de ceux qui nous ont quittés.

Ainsi, on invente l'art. Ce que nous pouvons encore en voir, vers moins deux cents siècles, atteint des sommets inimaginables. Tracés d'une main ferme sur les parois de la caverne, à la Pileta d'Andalousie qui est l'un des plus anciens conservatoires de l'art sacré, je découvre il y a de nombreuses années, la magie des signes ésotériques et des gravures propitiatoires, un poisson qui se reflète dans l'eau d'un bassin naturel, une jument gravide sur le point de donner la vie : ils se révèlent à la lueur tremblotante de nos rats de cave au fur et à mesure que nous progressons dans la demi-obscurité d'un parcours véritablement initiatique. C'est toute une écriture qu'intuitivement je suis sûr de pouvoir lire, mais qui m'échappe au moment de la traduire dans notre langue moderne. Je revois plus tard, les bisons, les chevaux, les bouquetins d'Altamira et de Lascaux, qui font flamboyer d'une beauté absolue les parois de pierre si longtemps oubliées. Cinq millénaires encore avant Lascaux, des africains immigrés que nous appelons maintenant les hommes de Cro-Magnon se sont installés dans des grottes de l'Ardèche récemment retrouvées, pour célébrer leurs mystères, parmi les ossements déjà fossiles des ours gigantesques. Ils dessinent avec une maîtrise stupéfiante, des aurochs, des mammouths, des lions, des bovidés qui nous paraissent toujours aussi vivants que leurs modèles d'il y a vingt-deux mille ans.

Enfin, la longue marche va s'arrêter ou tout au moins se ralentir. Nous mettons au point l'agriculture et l'élevage, nous nous sédentarisons. Voici que nous sommes entrés dans l'époque moderne. L'homme est achevé. L'est-il ? Rien n'est moins certain. Comment se présente, à ce stade de son évolution, l'homme du XXème siècle finissant ?

Ce « conglomérat de chair rouge » comme l'appelle Rinzaï nous apparaît maintenant sous des formes très diverses, avec des parentés et des disparités qui sont le fruit des adaptations et des mutations nécessaires à la survie des groupes humains. Au cours de notre histoire on a souvent cherché à faire le bilan des différences plutôt qu'à exalter les ressemblances, ce qui pouvait conduire à ériger les discriminations raciales en règles morales, puis en contraintes sociales, puis en modes de gouvernement. Le caractère absurde et même pervers de ces idéologies apparaît à l'évidence pour notre espèce humaine : un homme et une femme, quelles que soient leur apparence extérieure, la forme de leur nez, la couleur de leurs yeux, de leur peau, de leurs cheveux, peuvent s'unir et procréer sans aucun obstacle physiologique, mais avec, au contraire, un enrichissement bénéfique du patrimoine génétique de leur descendance. Mongoliques primitifs comme les Indiens d'Amérique, Mongoliques tardifs comme les Japonais, les Esquimaux, les Indonésiens, les Coréens, les Thaïlandais et tous les peuples du Sud-est Asiatique ; Blancs, comme les Européens, les Nord-Africains, les Arabes, les Juifs, les Indiens, les Persans ; Noirs comme les Africains et leurs descendants d'Amérique ; Mélanésiens comme les Aborigènes Australiens, les Maoris, les Canaques, les habitants des îles du Pacifique Sud ;

sans oublier les Pygmées, les Bushmen et les Hottentots, nous avons tous le même nombre d'os, de chromosomes, les mêmes organes, le même cerveau. Nous pouvons tous faire des enfants ensemble. Il y a quarante mille ans nous nous métissions déjà avec des branches collatérales aujourd'hui disparues de notre fratrie : pendant qu'ils étaient encore leurs contemporains, les jeunes femmes de Cro-Magnon trouvaient certainement du charme, malgré leur front bas et leur mâchoire prognathe, à leurs robustes cousins de Neanderthal. Il parait même, si l'on en croit un film récent que ce sont elles qui leur enseignèrent la copulation frontale. Ainsi naquit et se déploya chez l'homme un nouvel érotisme : c'est en effet ce face-à-face qui fut, dit-on, à l'origine du développement harmonieux des poitrines féminines, qui fit sombrer dans un relatif oubli les excès trop disproportionnés des amplifications callipyges et qui favorisa peut-être aussi l'usage du rouge à lèvres. Initiatrices inconnues de charmes encore balbutiants, souffrez que nous vous rendions l'hommage qui vous est dû et que nous laissions à nos lointains parents les singes qui n'ont pas eu la chance de vous avoir, leur attirance sensuelle pour les rubescentes tubérosités anales de leurs compagnes.

Nous sommes quatre-vingt milliards sur cette terre, dont cinq milliards encore vivants à l'heure où j'écris ces lignes. Ne parlons que pour mémoire des quelques individus qui se promènent dans l'espace à bord des navettes ou des stations orbitales : ils sont destinés à plus ou moins bref délai, avec plus ou moins de problèmes, à rejoindre le troupeau pesant qui se traîne sur notre planète originelle.

Tous les hommes, – quatre-vingt milliards –, nous possédons ou nous avons possédé le même style de corps : même système organisé, même ensemble cohérent, même source d'énergie. Une extraordinaire merveille !

Merveille des merveilles, les deux chaînes enroulées en double hélice de l'ADN, militant de base et cerveau de la cellule vivante, constituent l'essentiel du noyau cellulaire et l'origine quasi-universelle de la matière vivante. L'acide désoxyribonucléique qui se cache sous ce sigle contient nos chromosomes, supporte notre hérédité, assure notre singularité. On n'en finit pas de découvrir toutes ses vertus. Son cousin, le RNA, acide ribonucléique voisine avec lui dans le noyau et aussi dans le cytoplasme, il est le héraut qui transporte le message génétique, il est le levain dans la pâte qui assure les actions enzymatiques, c'est à dire presque toutes les activités de nos organes.

Car les cellules se spécialisent en se différenciant, forment des tissus, les tissus des organes et les organes des systèmes : un grand nombre de systèmes, tous solidaires, *tous reliés entre eux*, tous étonnants de perfection. Ainsi arrivons-nous vers les sommets de la hiérarchie.

Le système d'armature rigide qui soutient tout, qui assure la protection, les déplacements, la cohésion des autres systèmes, qui est le plus permanent, grâce auquel nous avons pu remonter à nos origines et savoir quelque chose de nos ancêtres, c'est notre squelette : un ensemble de deux cent six os, réunis par des articulations plus ou moins souples, plus ou moins rigides, plus ou moins mobiles. Il y a des clés de voûte indispensables comme la cinquième vertèbre lombaire, et des inutilités qui sont là pour mémoire, comme le pisiforme, un minuscule os du poignet. Il y en a des longs, des courts, des plats, des ronds, des grands, des petits ; il y a des cartilages qui facilitent les glissements des uns sur les autres. Nous avons bien changé depuis cette misérable amibe lithiasique d'il y a un milliard d'années, dont le microscopique calcul fut la première de nos vertèbres.

Sur ces os s'insèrent les tendons des muscles qui viennent étoffer la combinaison. Grâce à eux, nous pouvons nous maintenir en équilibre dans une grande quantité de postures différentes et surtout, nous pouvons nous déplacer.

La peau enveloppe tout, elle est notre liaison essentielle avec le milieu vital. Elle nous unit à l'univers et en même temps nous en protège.

Le système circulatoire assume une grande partie de l'intendance. Le sang en est le véhicule mobile, fluide, changeant, complexe, il circule sans répit du coeur aux artères, aux artérioles, aux capillaires, aux organes, puis revient par les veinules et les veines à nouveau jusqu'au coeur. Il véhicule, évacue, apporte, élimine, nourrit, défend.

La respiration assure la majeure partie de l'approvisionnement en oxygène à partir de l'air ambiant et l'évacuation du dioxyde de carbone. Cet air est inspiré, filtré, réchauffé, humidifié, puis lorsqu'il nous a vivifié, nous le redonnons au monde extérieur. Ainsi, de notre premier cri qui est une inspiration jusqu'à notre dernier souffle qui est une expiration se renouvelle régulièrement cette noria de nos besoins essentiels et de nos résidus toxiques. Cette suite d'échanges ininterrompus entre le monde extérieur et notre monde intérieur dont nous ne sommes pas même conscients lorsqu'elle se fait normalement est une image précise du grand mystère de la vie.

« On entre, on crie,
Et c'est la vie.
On baille, on sort,
Et c'est la mort. »,

écrivait en vers de mirliton, en 1836, une poètesse aujourd'hui bien oubliée, qui répondait au doux prénom d'Aurore.

Deux orifices majeurs, aussi importants l'un que l'autre, mais différemment appréciés, l'un que chantent souvent les poètes, mais l'autre dont ils font rarement mention, l'un exalté, l'autre injustement méprisé, l'un qui fait le charme des visages, l'autre honteusement caché dans les bas-fonds, sont les portes d'entrée et de sortie du système digestif. De la bouche à l'anus, les aliments nous laissent au passage l'eau, les sels minéraux et presque toutes les vitamines. Le reste, protéines, lipides, hydrates de carbone, est transformé, par les enzymes digestives du pancréas et du foie, en produits plus facilement assimilables. Le foie est l'usine centrale qui gère les matières premières, les transforme, élimine les déchets, entrepose le fer, les sucres, sous-traite le cholestérol, détruit les vieux globules rouges, régénère le sang : il remplit, au total, plus de cinq cent rôles différents, tous d'une importance extrême.

Les reins et leur système président à la difficile administration de notre mer intérieure : l'eau et les sels sont filtrés puis évacués dans l'exacte mesure où ils doivent l'être pour assurer notre survie.

L'activité complexe de toutes ces combinaisons de tissus, d'organes, d'organismes ultra-spécialisés est réglée automatiquement par ce que l'on appelle le système neuro-végétatif. L'une de ses branches, le parasympathique, s'occupe en permanence de la routine, de la vie quotidienne ; l'autre, le sympathique est le gestionnaire de l'insolite, de l'urgent, de l'exceptionnel. Un autre système autonome conduit nos sensibilités superficielles ou profondes, un autre gouverne nos organes sensoriels. Soumis à notre volonté un autre encore commande le jeu des muscles. Tous sont reliés au cerveau, soit directement, soit par l'intermédiaire de la moelle épinière.

Donc finalement, la moindre des activités de notre corps est dirigée par ce gros cerveau que nous avons vu se développer miraculeusement depuis les temps reculés où nous n'étions encore qu'un projet incertain. Il envoie partout ses ordres grâce à des médiateurs chimiques, des neuro-hormones, estafettes rapides de nos désirs et de nos besoins essentiels. Elles remplissent avec une économie de moyens remarquable des tâches considérables. Ainsi, l'une de ces messagères diligentes fabriquée par l'hypothalamus dans la partie la plus ancienne de notre cerveau primitif est responsable du développement harmonieux de notre corps. Sans elle, plutôt que de répondre avec plus ou moins de bonheur aux canons de la statuaire antique qu'immortalisa l'Apollon du belvédère, nous pourrions être des géants acromégales ou des nains achondroplasiques. Or, cet office majeur, elle le remplit entièrement par des doses qu'on a peine à imaginer des quantités infimes de l'ordre du nanogramme, dix puissance moins neuf grammes ($10^{-9}$ gr.).

Nous sommes parvenus sans trop nous en rendre compte à une étape importante dans l'accomplissement de notre nature. La petite Lucie, l'australopithèque, nous l'avait annoncée il y a quatre millions d'années. La station debout, n'affranchissait pas seulement nos mains des contraintes de la locomotion quadrupède, mais elle nous précisait encore notre mission d'intermédiaire entre la terre et le ciel. Elle rendait possible notre étonnante évolution : *c'est la main libérée qui a créé l'intelligence.* Tel était il y a deux mille quatre cents ans, ce qu'enseignait Anaxagore de Clazomène qui fut le maître de Périclès et peut-être aussi de Socrate : « L'homme pense parce qu'il a une main ».

La cellule nerveuse, le neurone est, dans cet accomplissement, l'un des éléments les plus achevés, sur quoi tout repose. Chacun de nous en possède plus de deux cents milliards. Mais, dès que le système nerveux a achevé sa croissance, deux cent mille meurent chaque jour, qui ne seront jamais remplacées. De subtiles combinaisons de compensation, de discrets changements de compétence, une augmentation du travail des autres, un perfectionnement constant de leurs fonctions viennent suppléer à cette inéluctable détérioration quantitative. Il est facile, sachant cela, de comprendre quel devoir nous incombe de protéger par la vigilance et par un entraînement assidu cet équilibre délicat que nos cellules cérébrales établissent entre elles. Il nous faut sans cesse surveiller nos inclinations naturelles, stimuler les plus faibles, modérer les trop ardentes, aiguillonner les dépressives, calmer les excitées.

Que de pouvoirs et de possibilités, que de qualités et de talents se trouvent réunis dans ces neurones. Ils peuvent recevoir des impulsions et les conduire vers les lieux où elles seront transformées en comportements. Ils peuvent à tout moment, créer de nouvelles connexions avec leurs homologues. Ils peuvent apprendre et garder en mémoire. Chacun d'eux est totalement indépendant mais en même temps solidaire et prend, si c'est nécessaire, des initiatives pour mieux assurer son rôle dans l'ensemble. Chacun d'eux est capable de répondre avec une rapidité extrême à toute sollicitation nouvelle, aussi imprévue soit-elle.

Ainsi, plus nous avançons vers une meilleure connaissance de l'homme et plus il nous faut réviser, *dans un sens dynamique*, notre manière d'en parler et d'y penser. Les concepts d'organes et de fonctions un peu figés d'autrefois font place à des notions de territoires et de circuits sans cesse mouvants. Nos idées, peut-être plus intellectuellement confortables, mais révolues, sur une nature physique immobile, fixée, sédentaire, de l'homme se transfigurent. De nouvelles errances nous attendent, vers de nouvelles terres promises au fur et à mesure que nous défrichons les chemins de sa dynamique vitale. « Une connaissance plus approfondie du système nerveux, écrit le Professeur d'Anatomie Miguel Guirao, fait apparaître à l'évidence, que les souffles subtils de l'esprit hantent l'infrastructure biologique ».

Voici que la connaissance a déjà fait irruption dans ce que nous prenions pour un ensemble de systèmes définitivement construit, immuable et limité dans sa relative perfection. Voici que le spirituel révèle sa présence indubitable dans l'intimité même de ce que nous appelions la matière. Voici que se lève l'espoir de voir bientôt s'évanouir les contradictions de l'homme et s'épanouir son unité.

Cela ne veut pas dire que doivent disparaître au profit d'un illusoire nivellement par le haut nos originalités et nos singularités qui sont inscrites dans l'ordre des choses, mais cela signifie qu'une harmonie nouvelle de nos dissemblances doit être trouvée. « Les dissonances, disait Yehudi Menuhin, sont nécessaires dans l'harmonie ». S'agissant de l'avenir de l'homme, il ne faut surtout pas confondre uniformité et unité.

Donc, un volume important, deux hémisphères divisés en lobes : frontal, pariétal, temporal, occipital, avec des circonvolutions qui en augmentent considérablement la surface, constituent le cortex cérébral. Il enserre entre ses flancs et à sa base ce qu'on appelait autrefois le rhinencéphale : c'est le cerveau primitif, notre héritage animal. Toujours à cause de cette nécessité où nous nous trouvons, dans l'état actuel de nos connaissances, de « réanimer » nos conceptions, nous lui donnons maintenant le titre plus dynamique, plus global, plus compatible avec ses fonctions réelles de « circuit limbique ».

Dans l'ensemble de ces structures s'élabore, par des réseaux complexes tous connectés entre eux, l'unification des processus mentaux qui constituent la conscience.

Imaginez les itinéraires subtils de ces messages qui nous arrivent du monde extérieur, ou de notre propre corps, de nos viscères profonds, de nos humeurs, de nos appétits instinctifs. A la base du cerveau, les groupes de neurones qui forment les noyaux du thalamus les reçoivent, les analysent et les identifient avant de les acheminer vers les zones du cortex où ils seront enregistrés et perçus. Par exemple, dans le lobe temporal s'établira la distinction entre ce qui appartient vraiment à notre corps et ce qui lui est extérieur : c'est notre schéma corporel, il nous rend conscients de notre identité et de notre unité fondamentale. Certaines zones du cortex préfrontal sont spécialisées dans la prévision et la délibération, donc aussi, – il n'est pas interdit de le croire – dans la genèse d'une pensée métaphysique. Un peu plus haut sont les domaines de l'action, plus bas ceux de la mémoire, plus en arrière, ceux des sensations et des perceptions sensorielles. D'autres territoires encore remplissent des fonctions plus particulières, s'associent avec les autres en d'incessants mouvements d'un perpétuel va-et-vient. Par exemple, un groupe de neurones caractéristique du circuit limbique, l'hypothalamus que nous avons déjà rencontré, est l'un des plus éminents ordonnateurs de nos fonctions vitales, véritable juge de nos instincts, de nos impulsions, de nos sensations. Il met au point un système de récompense et de châtiment, administre les sécrétions hormonales de nos glandes endocrines, répond aux stimulations particulières de la colère et de l'agressivité, engendre les sensations de faim et de soif, compense les déséquilibres passagers, prépare l'organisme pour l'effort, lui fournit des armes pour la lutte. Il s'occupe activement de la sexualité : d'abord déclenchés par des impulsions psychiques ou corporelles, des sensations tactiles ou olfactives, des images, des rêves, nos désirs érotiques parviennent à l'hypothalamus qui s'en saisit et, par de complexes effets sur nos systèmes végétatifs et endocriniens, les transforment en actions amoureuses dont certaines sont réflexes et d'autres volontaires : ainsi s'accomplit normalement l'acte sexuel.

Plus bas, le bulbe rachidien qui se prolonge par la moelle épinière contient en son centre une formation déterminante, la substance réticulée, siège de la vigilance. En arrière, le cervelet organise et contrôle le mouvement, équilibre les postures. Au-dessus, les tubercules quadrijumeaux sont les centres réflexes des mouvements conjugués de la tête et des yeux. En avant, l'hypophyse a la responsabilité du développement harmonieux du corps sous le commandement de l'hypothalamus ; elle est en contact étroit avec le croisement des nerfs optiques, prolongements du cerveau qui viennent s'épanouir dans nos deux globes oculaires, miroirs de l'âme.

Tel est, brièvement présenté, donc avec d'inévitables lacunes, ce « conglomérat de chair rouge » que nous sommes. Chemin faisant, nous avons vu déjà que se présentait avec discrétion, mais avec force, cet « homme vrai », dans l'unité de son corps et de son esprit que Rinzaï nous annonçait. Toutes les connexions qui se révèlent dans les différents niveaux entre tous ses éléments, toutes les interactions, toutes les concomitances, toutes les complémentarités nous prouvent qu'on ne peut pas parler de cet homme vrai sans que soient pris en compte aussitôt et globalement le physique, le mental, le spirituel.

La génétique nous en fournit des évidences supplémentaires. S'il est vrai que les quatre-vingt milliards d'hommes qui ont existé ont tous été construits à quelques détails près suivant ce même schéma directeur, il n'en est pas moins vrai qu'à part les jumeaux issus du même oeuf, aucun de ces êtres n'a jamais été exactement semblable à un autre. Tous ont conservé pourtant en mémoire vivante le souvenir et les caractères de ceux qui les ont précédés mais en gardant leur originalité personnelle. Le code génétique dont on commence, grâce à Jean Dausset, à percer les arcanes complexes nous apprend que dans ce cadre de l'unité, la multiplicité se nourrit d'une infinité de combinaisons possibles.

Cette perfection nous permet-elle de penser que nous en sommes arrivés au stade ultime de l'accomplissement de notre destin ? Rien n'est moins sûr. Il reste encore en nous trop de contradictions mal supportées, trop d'insuffisances plus ou moins évidentes, trop d'inachèvements qui attendent leur conclusion, trop de vestiges qui devront disparaître. Notre colonne cervicale, pièce mécanique de haute technologie est encore trop fragile pour supporter les cinq kilogrammes de notre grosse tête. Notre cerveau préfrontal verra encore augmenter son volume et raffiner ses connexions pour nous donner enfin cette dimension métaphysique qui devrait être notre milieu vital ordinaire. Les processus d'intégration des signes que nous recevons devraient se perfectionner pour aboutir à une nouvelle conscience véritablement cosmique. Nous n'en sommes qu'à nos débuts. L'homo sapiens sapiens deviendra-t-il dès le XXIème siècle, homo religiosus, comme le prédisait Malraux ? Ou faudra-t-il attendre encore quelques millions d'années ? Et l'homme sera-t-il jamais achevé ?

Survivant à de dangereux bouleversements climatiques, puis héros d'une épique évolution, allant sans trêve de perfectionnements insensibles en mutations significatives, l'homme-physique a parcouru le monde, et l'homme-intelligence s'y est installé. Puis l'homme-moraliste a créé des lois à partir des nécessités vitales de la conservation de son espèce, de sa sédentarité nouvelle, de ses obligations vis-à-vis de ses semblables. Mais depuis longtemps, déjà, l'homme-métaphysique était en lui, presque dès l'origine, sans que d'abord, il le sache : il était seulement, il était innocemment la soumission, l'adaptation aux lois de la nature.

L'homme vrai, l'homme « sans affaires » dont parle Rinzaï, doit se trouver dans la fusion harmonieuse, dans l'intégration du physique, de l'intelligence, du moral, du métaphysique, donc, dans l'unité parfaite du corps et de l'esprit.

o

Le mot **environnement** désignait seulement autrefois une action militaire, une manoeuvre pour circonvenir un adversaire, une stratégie, comme celle qu'exécuta Jules César pour réduire mes ancêtres sur le plateau d'Alésia. Maintenant, le sens a changé et le mot a même trouvé sa place au sein de nos gouvernements sur la liste des ministères. On parle sans cesse de cet environnement d'un nouveau style, pour souhaiter surtout qu'il soit préservé et pour déplorer les pollutions dont il est victime. Nous commençons à le découvrir, non plus comme un encerclement menaçant, mais comme un entourage bienveillant, comme notre milieu vital, naturel. Nous avons pris conscience d'abord de son existence, puis de son intérêt, puis de son importance, puis de sa grandeur et nous ne laissons pas de nous émerveiller chaque jour davantage de son immensité, au fil de nos progressives investigations.

Il y a quelques dizaines de milliers d'années, notre grand problème était de nous défendre contre ses dangers et de profiter de ses bienfaits. Nous le détruisions petit à petit avec la meilleure bonne foi du monde parce qu'il fallait bien assurer notre nourriture, notre chauffage, notre habillement, nos plaisirs. Nous annexions des territoires et nous nous arrogions le droit de vie et de mort sur toutes les créatures qui s'y trouvaient. Beaucoup d'entre nous continuent sur cette voie préhistorique, avec des moyens de destruction considérablement accrus, mais sans avoir pour excuse les nécessités de l'indispensable conservation de notre espèce. Nous avons toujours été de formidables consommateurs des énergies naturelles, nous sommes devenus de monstrueux prédateurs, de dangereux gaspilleurs et de tyranniques exterminateurs.

Pourtant, nous savons bien que la préservation de cet environnement est la condition essentielle de notre vie : de notre vie physique, bien sûr, mais aussi, de notre vie intellectuelle, de notre vie spirituelle. Car nous identifions toujours, à juste raison, comme nous l'avons fait depuis la nuit des temps, cet équivalent de plus en plus agrandi de nos premières découvertes rudimentaires à ce que nous imaginons de l'univers tout entier.

On a récemment retrouvé, dans la jungle de l'île de Mindanao, aux Philippines, une tribu, les Tasadays, qui depuis plus de trois mille ans n'avait eu aucun contact avec les autres humains. Elle vivait comme à l'âge de pierre, elle ne s'éloignait jamais de plus de deux kilomètres de son habitat naturel, elle ignorait la guerre et la propriété personnelle. L'univers, l'environnement, pour ces témoins vivants de nos plus anciennes origines se réduisait aux vingt-sept membres de leurs familles, aux quelques kilomètres carrés de leur réserve géographique. Ils vénéraient les forces de la nature qui leur étaient visibles, et peut-être imaginaient-ils qu'il pouvait y avoir aussi quelque chose dans l'au-delà invisible. Cet au-delà s'est un jour manifesté par l'incursion solitaire d'un chasseur égaré, puis, lorsque fut donnée la nouvelle de leur existence, par toute une armada de déprédateurs médiatiques débarqués à grand bruit de leurs hélicoptères, et conduits toutes voiles dehors par Imelda Marcos la « First lady ». Tous ces bons apôtres venaient officiellement leur apporter une aide dont ils se seraient bien passés. Car il est maintenant probable que les Tasadays ont disparu définitivement dans la pollution de leurs forêts primitives qui fut la funeste conséquence de ces incursions. Mais imaginez leur crainte révérencieuse devant cette déesse-mère opulente et callipyge et ces dieux maléfiques venus des cieux pour troubler la paix millénaire de leur bienheureuse solitude. Le chewing-gum, les lampes-tempête, le pétrole, les vaisselles de plastique, les écoles, les maladies de la pléthore, bienfaits de nos civilisations étaient les attributs que portaient avec eux ces démiurges éclatants d'un progrès insolite. « Timeo danaos et dona ferentes », les Tasadays n'avaient pas l'aède providentiel qui aurait pu les mettre en garde, ni les formules déprécatoires adaptées à la circonstance, ni les moyens matériels de préserver l'inviolabilité de leur minuscule territoire.

Le terme qu'emploie Rinzaï pour définir ce que nous traduisons dans ce texte par « environnement » _ les traducteurs anglais disent aussi « surroundings » _ se lit *king* en chinois, et *kyô* en japonais.

Il exprime bien cette notion de limites et de territoire. L'élément de gauche c'est la terre. A droite, deux autres éléments superposés et plus complexes impliquent tout à la fois une idée de stabilité et du temps intimement lié à l'homme en marche.

Par la suite, ce même idéogramme a connu de nombreuses significations particulières : frontières, limites, régions, enceinte, circonstances, qualité de la vie, mais avec toujours, sous-jacent, le territoire qui environne l'homme.

Paul Demiéville, traducteur français de Rinzaï, spécialiste du chinois de cette époque, s'appuie sur des arguments tirés des philosophies indiennes pour nous proposer une interprétation plus dialectique, plus méthodologique, plus philosophique de tout ce passage.

« L'homme est le sujet _ dit-il _ ; l'objet est désigné par *king*, le domaine, le territoire, équivalent exact du sanscrit *visaya* (la sphère d'action de la connaissance sensible). Dans la propédeutique du tch'an, ce mot *king* sert aussi à désigner les « domaines » de la discussion, les thèmes, les sujets sur lesquels elle porte. L'homme est la personne qui figure dans les séances de consultation, soit l'hôte, soit le visiteur, le consulté ou le consultant ».

Rinzaï nous a donné plusieurs exemples de cette méthode d'enseignement qu'il utilise souvent et qu'il tenait probablement des maîtres de sa jeunesse errante, experts en scolastique indienne. Mais il ne perd jamais une occasion pour dire qu'après tout, il ne s'agit là que d'« expressions de surface » : il faut savoir reconnaître au-delà des mots la vérité secrète de la vie. Et peut-être est-ce donc une erreur de vouloir considérer Rinzaï seulement comme un sophiste, comme un philosophe spécialiste de la dialectique. Il était avant tout un Maître de zen, un éveilleur, et pour lui, ce qui comptait, comme nous l'avons vu, c'était l'homme total et non l'homme réduit aux seules ressources de son intellect, aux seules manifestations de la raison pure.

« Si vous voulez vivre ou mourir libres, alors, tâchez de trouver *l'homme* qui est là et qui m'écoute : il est sans formes ni caractéristiques, sans racines et sans origines, sans demeure, frais et vif comme un gardon. Au milieu de toutes ces agitations fébriles, son activité ne se fixe nulle part. Plus on le cherche, plus il s'éloigne et si vous croyez le tenir, il est déjà sur un autre chemin. C'est là ce que j'appelle le Mystère. »

Il ne vous est donc pas interdit de chercher derrière les leçons de haute voltige discursive, la simple vérité des mots et des rapports, les conseils pratiques de comportement et, finalement, le mystère de la vie qui en émane. Quelques siècles plus tard, Dôgen qui introduisit le zen au Japon dira : « cessez de vous préoccuper de la dialectique, apprenez plutôt à regarder dans votre propre esprit, dans la solitude ». Voilà pourquoi nous avons délibérément et peut-être paradoxalement choisi de prendre à la lettre les quatre propositions de Rinzaï afin de mieux en comprendre l'esprit, loin des antiques spéculations indiennes et tout près de nos modernes préoccupations : l'homme, c'est l'homme et l'environnement, c'est l'environnement. Qui est sujet, qui est objet ? Ame individuelle, âme universelle, où est la distinction ? Comme disait le plus ancien poème zen qui nous soit parvenu :

« Si vous faites la moindre parcelle de discrimination,
Aussitôt le ciel et la terre se trouvent séparés
Par une distance infinie... »

Il y a dix ou vingt milliards d'années, un muon a vécu un millionième de seconde et de cette courte vie, dans l'abîme insondable des temps a dépendu notre existence ici et maintenant.

Le rapprochement de ces deux chiffres nous donne une idée de ce que fut dans l'infiniment grand et dans l'infiniment petit l'histoire de notre environnement. A l'époque de ce muon que nous avons pris en exemple, l'univers avait commencé, déjà, à toute vitesse, son expansion. Donc, on pouvait compter le temps. Avant, tout était tellement contracté que ce n'était pas possible : nous devons imaginer un autre système pour les trente secondes qui ne pouvaient pas être des secondes et pour tout ce qui s'est passé avant les premières minutes de l'univers. Quel était notre vrai visage avant la naissance de nos parents, dit un kôan zen célèbre ? Quel était le vrai visage de l'univers avant la naissance de son expansion ? Qu'est-ce que le temps maintenant ? Qu'était-il avant ? Difficile de répondre.

« Toute chose et tout être dans ce monde sont du temps, – disait aussi Dôgen au XIIIème siècle – aucun objet ne s'oppose à un autre, de même qu'aucun temps ne s'oppose à un autre. »

Et il ajoute :

« Ne considérez pas le temps simplement comme une chose qui passe ; ne pensez pas que sa seule fonction soit de passer. Pour que le temps passe, il faudrait qu'il y ait une séparation entre lui et les choses... Chaque être dans le monde tout entier est un temps particulier dans un *continuum* unique. Et l'être étant du temps, je suis mon être-temps. »

L'être-temps de l'univers est peut-être fini, peut-être infini ; l'être-temps du muon est d'un millionième de seconde. Comment pourrions-nous opposer l'un à l'autre dans l'unique et simpliste perspective de l'espérance de vie ? D'autant plus que nous avons reconnu leur essentielle complémentarité : pas d'univers sans muon, pas de muon en dehors de l'univers.

Classiquement, on commence pourtant au « big bang », l'explosion initiale et totale, mais ce n'est qu'une théorie qui présuppose un début, et tous les physiciens ne sont pas d'accord.

En cet hypothétique début, il n'y avait que de la lumière et de la chaleur à des degrés inouïs, plus de cent milliards de degrés centigrades. Rien ne pouvait s'y maintenir en un semblant de cohésion, pas d'atomes encore, seulement des particules : des électrons, des positrons en quantités à peu près égales, et puis des sortes de particules-zombies, sans masse ni charge électrique, les neutrinos ; et la lumière, premier souci du créateur, dans toutes les Genèses, faite d'autres particules, les photons, une lumière fantastique, divine, inimaginable qui se réabsorbait instantanément. Elle éclairait de l'intérieur cette « soupe cosmique », comme disent les savants. Une soupe si épaisse – quatre milliards de fois la densité de l'eau –, que non seulement une cuillère aurait pu s'y tenir debout comme dans nos bonnes soupes paysannes, mais qu'elle aurait eu des chances d'être irrémédiablement broyée, à supposer qu'elle ait pu s'en approcher. Notre muon commença à vivre lorsque la soupe fut refroidie aux environs d'un milliard de degrés. Alors se formèrent les premiers atomes : de l'hydrogène lourd, de l'hélium. Et puis, toute la suite.

Mais on dit aussi qu'il n'y a pas eu de « big bang », que l'univers a toujours existé plus ou moins tel qu'il est, sans commencement, dans une création permanente. Et on dit encore que tout ce qui existe dans l'univers, toutes les galaxies, toutes les planètes, tous les mondes, même ceux qui nous sont encore insoupçonnés seraient de toute éternité exclusivement prédestinés à accueillir *l'homme*. Toutes leurs radioactivités, tous leurs magnétismes, toutes leurs forces gravitationnelles, toutes leurs énergies auraient pour unique raison d'être, le service de l'homme. Plus encore, l'univers n'existerait que pour être observé par l'homme. Plus encore, c'est l'observation de l'homme qui créerait l'univers. « La réalité observée dépend étroitement de celui qui l'observe » enseigne la physique des particules. Il est vrai qu'on ne peut pas rester à distance, et qu'il nous faut briser la vitre qui nous sépare de l'expérience de notre vie.

A partir de toutes ces idées se sont élaborées peu à peu les bases d'une nouvelle théorie qu'on a baptisée par un de ces jeux de mots ésotériques dont les savants sont parfois friands, le *principe anthropique* (d'anthropos ἄνθρωπος l'homme, par opposition à entropie, « quantité physique qui mesure le degré de désordre d'un système »).

Evidemment, de nombreuses questions se posent alors. pourquoi l'univers est-il si grand et nous si petits ? Avons-nous vraiment besoin d'un tel environnement ? Ne saurions-nous nous accommoder d'un monde plus restreint, plus à la mesure humaine ? Serions-nous le centre d'un Grand Projet ? Existe-t-il un Dieu Créateur et Bienveillant qui met en nous toutes ses complaisances?

Presque toutes les Cosmogonies, les Genèses, les Traditions, au plus loin que les ait exprimées l'*homo metaphysicus* sont concordantes : pour que l'homme et le monde existent, il a fallu la collaboration d'un Esprit Divin et d'un morceau d'Environnement, terre, poussière, argile, boue, eau, lac, source, marais, mer, air, feu du ciel.

On peut dire, assurément, que des cendres de la petite Lucie et du Souffle de la Vie Cosmique, nous sommes les rejetons. D'une union intime entre ce que l'on appelle le *matériel* et ce que l'on nomme le *spirituel*, est née notre *connaissance* : connaître, naître avec... Quelle que soit la finalité de l'univers, nous sommes nés avec lui et de lui, à lui nous retournons, à lui nous appartenons. Nous sommes à la fois les pères et les fils de notre environnement cosmique. Comment pourrions-nous encore faire des discriminations entre lui et nous, comment pourrions-nous résister à cet appel fondamental de l'Unité avec le Monde ? les bases scientifiques elles-mêmes de nos indispensables solidarités deviennent chaque jour de plus en plus évidentes ?

Mais toutes les Traditions insistent aussi sur l'humilité du coeur que nous devons garder, et sur la fragilité des certitudes humaines. Les savants, les physiciens, les philosophes découvrent enfin que s'ils peuvent de mieux en mieux comprendre et expliquer les principales lois de l'univers, ils en sont encore réduits à des hypothèses sur les grandes questions fondamentales des origines du monde et de notre place en son sein. La plupart d'entre eux se pose sincèrement la question : « Savons-nous vraiment de quoi nous parlons ? » Après tant de travaux acharnés, tant de découvertes, tant de mesures, tant de calculs, tant de réflexions, tant de discussions, tant d'imagination, tant d'intelligence, tant de probité scientifique, trouver en fin de compte ce doute si clairement exprimé est, sur le plan humain, d'un grand réconfort.

« Pour moi, disait le Bouddha il y a deux mille six cents ans, je n'enseigne pas si le monde est fini ou infini, si l'on vit ou non après la mort, parce que la connaissance de ces choses ne fait faire aucun progrès sur la voie de la sainteté. »

Quoiqu'il en soit, dans la soupe refroidie, s'est organisée la matière. Il y eut les premiers atomes : les plus vieux auraient entre dix et dix-sept milliards d'années ! Il y eut l'espace, de plus en plus vertigineux, probablement pas homogène dans sa prime jeunesse _ l'adolescence est toujours une période difficile, pleine d'inégalités et de contradictions, même pour l'univers _ avec des réactions nucléaires, des nuages de poussières d'étoiles, une poudre d'astres. Puis tout se mit à tourner. Les magmas se fragmentèrent, les poussières se formèrent en groupes de nébuleuses. Il y eut des centres de gravité, donc des soleils, des planètes, des lunes. Notre galaxie, la Voie Lactée se différencia, un proto-soleil commença à briller dans notre espace personnel et le système solaire apparut. Des planètes s'y formèrent : leur existence dépendait du soleil, Moloch dévorant, à la condition qu'elles s'éloignent suffisamment de sa chaleur pour pouvoir survivre. La Terre eut très vite son volume et sa masse définitives. Elle prit ses distances. La vie allait pouvoir s'y développer.

Pas encore dans l'immédiat. Le premier milliard d'années est occupé par les aménagements élémentaires, couche après couche. Au centre, un noyau lourd, entouré d'un autre noyau externe, puis le manteau, puis la croûte. Entre temps, on avait laissé échapper un petit morceau de magma qui a formé la lune. Ou peut-être la lune s'est-elle formée d'une manière tout à fait indépendante. Qui le sait ?

Commençons à pénétrer dans une histoire de ce monde et de la vie plus accessible à nos investigations humaines. Ces intervalles de temps formidables auxquels on a donné le nom d'éons deviennent plus courts au fur et à mesure qu'ils se rapprochent de nous : l'éon hadéen allait de l'infini à trois milliards huit cent millions d'années, l'éon archéen suivait jusqu'à deux milliards cinq cent millions, puis l'éon protérozoïque jusqu'à cinq cent quatre-vingt-dix millions. Depuis cette date, nous sommes dans l'éon phanérozoïque. C'est maintenant que va s'élaborer véritablement notre environnement pour aboutir à celui que nous connaissons, à nos montagnes, à nos mers, à nos plantes, à nos animaux familiers. Nous l'avons divisé, cet éon, en ères et les ères en époques de moins en moins longues, de plus en plus observables, où s'accumulent les événements de plus en plus significatifs.

Les socles de nos continents s'installent, la croûte se remanie. L'atmosphère encore pauvre en oxygène, se compose surtout d'azote, de vapeur d'eau, de gaz carbonique. Et la première vie apparait tout de même, sous la forme d'une molécule organique *qui se reproduit*. Et voilà qu'elle donne naissance aux Algues Bleues. Et les Algues Bleues nous fournissent nos premiers fossiles. Certes, nous ne sommes pas encore gâtés pour cette époque : à peine vivants, ces êtres n'ont pas de squelette, seulement des parties molles, ils ne nous en reste que des traces de filaments occasionnellement piégés par les sédimentations. A quel moment est apparue cette vie rudimentaire ? Les spécialistes ne sont pas d'accord : les uns disent deux milliards neuf cent millions d'années, les autres trois milliards trois cent millions. Ne chicanons pas !

Et voici les Algues Vertes : elles vont libérer de l'oxygène dans l'air. Nous allons enfin pouvoir respirer !

Le Vert de ces Algues nouvelles est la promesse, l'espérance de notre Vie. La Terre Planète Verte – car le bleu de son ciel n'est que la conséquence du verdoiement primitif de ses océans – en sera le berceau privilégié. Sur Mars Planète Rouge, sur Neptune Planète Bleue, sur Pluton Planète Noire, comme sur les autres, lumineuses ou sombres, dorées, rayonnantes, argentées, grises, tachetées, rayées, annelées, embrumées, Mercure et Vénus, Jupiter, Saturne, Uranus, pas de vie organique : ce ne sont que froids ou chaleurs insupportables, variations nycthémérales extrêmes, éruptions volcaniques colossales, cyclones gigantesques, atmosphères empoisonnées, accumulations de gaz délétères, brumes glaciales, creusets pour chimies vénéneuses.

Mais chez nous, vers moins cinq cent cinquante millions, les mers grouillent déjà de vies étonnantes : des homards, des éponges, des palourdes, des vers annelés, des méduses, des poulpes archaïques. Dans les années quatre cent cinquante millions, nous y trouvons les premiers poissons sans mâchoires, puis un peu plus tard, les premiers récifs coralliens. A ce moment aussi, apparaissent les premières plantes terrestres. Plus tard encore, les forêts immenses du carbonifère se développent, vivent, meurent, deviennent fossiles et nous préparent les gisements de charbon ou de pétrole qui assureront notre confort et nos futures marées noires. Les cafards sont déjà là, tels que nous les trouvons inchangés dans nos cuisines sales. Arrive ensuite le long cortège des reptiles, des amphibiens, les calamars géants, les poissons cuirassés, les scorpions de mer carnivores, cruels samouraïs des eaux.

Nous sommes arrivés maintenant au Moyen-Age de la terre, l'ère secondaire qu'on appelle aussi le Mésozoïque. Aucune époque n'est plus riche en vestiges gigantesques : « terribles lézards », les dinosaures dominent le monde. Les airs sont subjugués par de fantastiques oiseaux en forme de curieuses machines volantes, les Ptéranodons, horribles créatures de neuf mètres d'envergure dont l'espèce se perpétua pendant trente millions d'années. Dans les eaux des mers chaudes, l'abominable Tylosaure, dix mètres de long, fait régner l'épouvante : il poursuit et dévore des poissons de trois cent kilos qu'il déchiquette avec ses dents pointues comme des aiguilles. Sur terre, le Tricératops, onze mètres de long, avec ses trois cornes et sa collerette hérissée de pointes qu'il porte comme un hidalgo sa fraise, fait trembler le sol dès qu'il déplace sa masse de neuf tonnes aussi blindée qu'un char d'assaut. Au bout de leurs longs cous ridicules, les petites bouches des Brontosaures, vingt-huit mètres, trente-deux tonnes, engouffrent sans répit des montagnes de verdure. Leur vie communautaire est à la mesure de leurs petites personnes : ils se déplacent en troupeaux considérables dont nous retrouvons les traces un peu partout dans le monde, ils observent des rites précis pour le rangement collectif de leurs oeufs, leur garde et leur conservation, ils organisent leur stratégie pour se défendre contre les prédateurs géants. Un monstre carnivore, le sanguinaire Tyrannosaure extermine ses proies avec ses dents de quinze centimètres dans une mâchoire d'un mètre vingt. La vie n'est pas facile, dans les marécages du secondaire. Ce ne sont que hurlements sauvages, flots de sang, combats apocalyptiques.

Il fait chaud, humide. Dans les forêts de fougères et de conifères apparaissent les premières fleurs, pas très variées : vertes, jaunes, blanches, encore sans odeurs. Mais elles vont bientôt changer, accroître leur séduction qui est la condition de leur multiplication, elles vont diversifier leurs formes, leurs couleurs, inventer l'art des parfums pour mieux attirer leurs transporteurs de pollen et quelquefois les dévorer.

Et tout à coup, que se passe-t-il ? Une catastrophe, un désastre sans précédent ! L'environnement presque en entier, tous ces grands monstres, les trois-quarts de la faune marine et de la flore disparaissent presque instantanément. Pourquoi ? On en discute encore. Ecarts brutaux des températures, changements intempestifs de la salinité des eaux, rétractation des mers, dislocation des blocs continentaux, bombardements cosmiques, explosions nucléaires, chute d'un énorme astéroïde ? Ou bien aussi l'épuisement de la nature qui ne suffit plus à nourrir ces géants boulimiques ?

Les mammifères vont prendre le relais, relever l'étendard de la domination du monde qu'avaient laissé échapper les sauriens monumentaux. C'est l'ère tertiaire où se séparent les continents, où se forment les océans. S'installent d'abord, pourvus de mamelles et progressifs vivipares, des ornithorynques, des marsupiaux, des porcs-épics, puis les prédécesseurs encore bizarres des loups, des chevaux, des aurochs, des rhinocéros. Les premiers primates, nos ancêtres, sont tout petits, comme des rats, comme des chats, mais ils ont déjà des mains. Ils ouvrent de grands yeux étonnés sur ce monde que leurs descendants domineront un jour. Et déjà se montrent à l'horizon du temps, les grands singes et leur suite...

Les climats deviennent médiocres pour des périodes plus ou moins longues, des glaciations obligeront la faune à d'importantes migrations, la flore à de difficiles ajustements. Puis les conditions météorologiques s'améliorent, puis se détériorent à nouveau, entraînant chaque fois de grands changements dans l'environnement. C'est la grande instabilité. Sur les plaques continentales séparées se sont élevées les montagnes, par le processus tour à tour lent et brutal des plissements de la croûte terrestre et des subites épurations du feu central. Et les mers se sont creusées. L'atmosphère où s'est répandu l'oxygène s'est affinée, protégée tout en haut par une couche d'ozone qui filtre les radiations nocives. Les paysages ont évolué, modifiant les manières de vivre, déterminant les mutations. Nous avons vu l'exemple de l'Afrique partagée en deux par une faille profonde en un plateau de savane sèche à l'est, la forêt humide à l'ouest. Nous avons vu l'influence de cette transformation sur notre lignée.

Jusqu'à maintenant, l'environnement dominait l'évolution. Il imposait aux êtres vivants les caprices de ses climats : le froid les amenait à développer un luxuriant système pileux et des couches de graisse protectrices, l'abondance d'herbes et de feuillages induisait l'apparition des dents broyeuses. Faute d'adaptation, les espèces devaient disparaître. Mais l'homme vint et la dictature de l'environnement cessa pour lui, après bien longtemps, : des outils, l'invention du feu, des vêtements, pallièrent les vicissitudes climatiques. puis, un équilibre s'établit que nous nous acharnons à rompre aujourd'hui. Mais ceci est une autre histoire. Voir plus loin.

Tel qu'il se présente à nous, maintenant, l'environnement est d'une grande diversité. Forêts tropicales, forêts tempérées, savanes, déserts, mers, océans, agglomérations urbaines, en dépit de toutes les variations intermédiaires, de toutes les catastrophes accidentelles, de toutes les agressions délibérées, gardent les vestiges des évolutions anciennes et nous offrent en même temps le visage de l'avenir.

Où nous mènera finalement cet univers si vieux et si jeune à la fois. Que va-t-il se passer dans cinquante milliards d'années ? L'expansion va-t-elle s'arrêter ? L'univers va-t-il se recontracter, détruisant les planètes, les galaxies, reconstituant la soupe originelle ? Puis une nouvelle expansion commencera-t-elle ? Est-ce ainsi, de contractions en expansions que se poursuivra la longue marche de l'univers ? Au « big bang » initial va-t-on voir succéder un « big crunch », un grand écrasement final, puis un nouveau « big bang » et ainsi de suite ? Nous revenons à notre point de départ : le monde est-il fini ou infini, a-t-il un commencement et une fin, est-il éternel ?

Oui, savons-nous vraiment de quoi nous parlons ?

Plus nous comprenons les lois générales qui gouvernent notre environnement, plus nous devons nous contenter d'hypothèses jamais satisfaisantes sur ses origines, mais au fur et à mesure que se perfectionnent nos connaissances, plus nous devons aussi, comme nous l'avons fait pour les structures de l'homme, abandonner une vision statique de l'univers. Au mécanisme immuable et figé dans sa perfection sur quoi régnait le Grand Horloger de nos pensées anciennes, nous devons substituer les aspects dynamiques d'une création toujours en train de se faire. Déjà, un télescope géant, admirablement perfectionné mais déplorablement assemblé – ô éternelle Tour de Babel – est lancé dans l'espace d'où il pourra voir, si l'on parvient à le réparer, des mondes cent fois plus éloignées que ceux qui constituaient jusque là nos frontières. Au moment où nous avons découvert l'existence d'une lumière fossile qui continue à vivre sans changement depuis des milliards d'années, nous pourrons peut-être observer, en remontant le temps, des systèmes galactiques qui nous envoient les images de leur jeunesse et parfois de leur naissance. Les énigmes des quasars, des trous noirs, de la vie et de la mort des étoiles vont peut-être nous être révélées. Tels qu'ils étaient à leurs origines, des soleils, des planètes, des lunes, que nous n'imaginions pas encore ou que nous avions à peine supposés dans nos calculs hypothétiques vont se manifester dans toutes leurs splendeurs à nos yeux éblouis. Entre les vieux photons fossiles aux rayonnements immuables et le mouvement des galaxies qui continuent à s'éloigner de nous à une vitesse vertigineuse, il n'y a aucune place pour la stagnation.

Aussi bien dans la dynamique des espaces infinis que dans celle plus intime de notre environnement immédiat, il y a des ressemblances, des concordances, une unité d'expression impressionnantes. Comme nous l'avons vu pour l'homme, la « sphère d'action de notre connaissance sensible » *visaya*, notre environnement, que nous le réduisions aux frontières de notre Terre ou que nous l'élargissions à l'infini se manifeste dans le même style de vie : une admirable organisation, dans un ensemble parfaitement cohérent, générateur d'une énergie puissante.

Pour nous, dans notre vie quotidienne, l'énergie de l'univers, ce sont les végétaux verts qui nous la transmettent par l'extraordinaire merveille et le miracle de la photosynthèse. La chlorophylle est l'oeil végétal qui transforme la lumière en mouvement. Grâce à elle, une chimie raffinée s'accomplit dans les plantes, elles fixent l'énergie venue des rayons du soleil, prélèvent les gaz carboniques dans l'air, puisent l'eau et les sels minéraux dans le sol, font la synthèse des sucres et finalement produisent les matières organiques qui nous constituent. Alors les herbivores mangent les végétaux, les carnivores mangent les herbivores, les omnivores mangent à tous les râteliers : végétaux, herbivores et carnivores. Tous en tirent leur substance et leur subsistence et leurs énergies vitales aussi indispensables à leurs vies individuelles qu'à la conservation de leurs espèces. Quant à nous, tels les vieux dinosaures, nous consommons directement ou par tous ces intermédiaires des quantités de végétaux énormes. Nous avons, bien sûr, des réserves encore importantes qui nous procurent chaque année cent deux milliards de tonnes de matières organiques. Mais elles vont s'épuiser avec tout ce qu'en plus de notre consommation obligatoire, nous détruisons sans profit pour la vie – voyez ce que nous faisons de la forêt amazonienne qui est la principale réserve végétale de la Terre – Si nous ne nous ressaisissons pas, si nous n'écoutons pas les biologistes, l'accroissement des populations, l'augmentation de leurs besoins, l'aggravation de leurs ravages ne vont-ils pas nous amener à disparaître, victimes de notre gloutonnerie et de notre inconscience, comme les terribles lézards du Mésozoïque ? D'autant plus qu'il y a dès le départ un immense déchet : un pour cent seulement de la puissance solaire qui arrive aux végétaux nous parvient à la fin du cycle. Au long des chaînes, le rendement est de plus en plus faible et tout se dégrade rapidement. Les herbivores n'utilisent que dix pour cent de l'énergie que leurs fournissent les plantes ; les carnivores qui les mangent, seulement un pour cent. Est-ce un gaspillage naturel tel qu'il est inévitable dans les très grandes maisons, est-ce une générosité immense à la mesure du Grand Dessein qui nous gouverne ? Nous avons l'habitude de la prodigalité : à chacune de nos éjaculations, ne dispersons-nous pas trois cent millions de spermatozoïdes, alors qu'un seul pourrait suffire ? Mais attention, attention, à nos comportements agressifs envers la nature ! Cette générosité survivra-t-elle à nos excessives dilapidations ?

L'organisation générale du système parait très simple : les végétaux sont producteurs d'énergie ; les animaux sont consommateurs ; d'autres animaux, des insectes, des bactéries sont décomposeurs, ils referment le cycle et remettent en circulation les éléments de base pour qu'ils soient utilisés dans un nouveau circuit. Producteurs, consommateurs, recycleurs, telle est l'économie de notre environnement. Il y a de multiples variantes, de nombreuses exceptions, des équilibres qui se cherchent. Il y a des curiosités, des dissonances, des concordances inattendues, mais c'est tout de même le schéma habituel suivant lequel évolue l'ensemble. Ce qui est intéressant, ce sont les interdépendances étroites entre tous les éléments de cette chaîne principale et des innombrables chaînes secondaires ou particulières liées à la nature du milieu – les écosystèmes –. Les consommateurs se consomment entre eux, et plus une espèce est dépendante des autres pour sa nourriture, plus elle se raréfie et plus une espèce est faible, plus elle est pléthorique. Les petits oiseaux sont infiniment plus nombreux que les aigles qui s'en nourrissent, les antilopes plus nombreuses que les lions. Les faibles vivent en troupes, les forts restent solitaires. Mais tous sont essentiellement solidaires. « Mangez-vous les uns les autres », disait un biologiste, telle est notre formule.

L'histoire du trèfle rouge est bien connue. Elle illustre, sous des dehors plaisants la très sérieuse évidence de ces interdépendances et des équilibres subtils qui nous gouvernent. Elle fut, à l'origine proposée par Darwin, mais après lui, son disciple, Thomas Huxley et plusieurs autres ont ajouté des maillons, pour allonger la chaîne. Les bourdons, constatait Darwin, sont les seuls hyménoptères à pouvoir féconder le trèfle rouge, grâce à leur longue trompe. Malencontreusement, ils font leurs nids sur le sol et les rats les détruisent facilement. Mais s'il y a des chats dans la région, les rats sont eux-mêmes exterminés, donc les bourdons peuvent vivre et le trèfle rouge proliférer. En Angleterre, le trèfle rouge est l'aliment principal des bovins et les chats sont les animaux favoris des vieilles filles. Donc, plus il y a de vieilles filles, plus on peut nourrir de bétail. Or, le boeuf, sous forme de corned-beef, constitue l'ordinaire habituel des navires de guerre anglais, donc les vieilles filles sont le meilleur soutien de la marine britannique. On ajoute à cela que le célibat habituel des marins accroit forcément le nombre des vieilles filles et la boucle est bouclée. Me permettrais-je d'apporter ma contribution personnelle en faisant observer que la récente libéralisation des moeurs pourrait avoir considérablement diminué par un meilleur équilibre hormonal les besoins d'affectivité refoulés des vieilles filles anglaises qui se reportaient autrefois sur les chats, et qu'il faut peut-être voir là les causes du déclin de l'Empire Britannique.

Tous les règnes, minéral, végétal, animal, sont condamnés à une complémentarité indispensable. Même en dehors des nécessités de nos approvisionnements énergétiques, nous avons tous quelque chose en commun. Avec les pierres nous avons en commun l'existence, disait un vieux maître, théologien, d'avant-garde au Moyen-Age, avec les végétaux l'existence et la croissance, avec les animaux l'existence, la croissance et le mouvement. J'aimerais ajouter aussi qu'avec les autres hommes nous avons en commun, en plus de tous ces éléments, grâce à notre cerveau préfrontal, la prévision et la délibération. Elles font naître en nous l'inquiétude métaphysique qui nous distingue en nous obligeant à nous poser les questions primordiales : pourquoi vivons nous, où allons-nous, d'où venons-nous, qui sommes-nous ?

Cette inquiétude nous singularise-t-elle vraiment en tant qu'être humain ? Savons-nous, si d'autres que nous n'en sont pas aussi l'objet, sur un autre mode ? Même parmi les hommes, elle ne se manifeste jamais de la même manière. Et dans notre environnement, nous avons pu déjà depuis longtemps reconnaître une intelligence qui est une expression de la conscience cosmique. Il arrive que cette conscience de haut niveau, *âlaya-vijnâna*, « l'esprit qui conserve toute chose », dépasse la nôtre, même si elle s'intègre parfois difficilement dans notre temps.

Nous savons maintenant qu'avec le règne minéral, nous ne partageons pas seulement l'existence, mais aussi d'une certaine manière la croissance et le mouvement : voyez la radioactivité qui augmente ou diminue dans les limites de périodes qui nous sont mesurables ; quant au mouvement, ce n'est qu'une question de durée d'observation.

Nous savons qu'avec les végétaux nous pouvons aussi partager de subtils comportements affectifs : le besoin de séduction, et pourquoi pas d'amour, si nécessaire à notre vie personnelle autant qu'à la conservation de nos lignées. Des orchidées répandent l'odeur puissante d'insectes femelles en rut dont elles savent même imiter la couleur et la forme en certaines parties de leurs fleurs pour attirer les insectes mâles qui les féconderont. Et parfois, il arrive que, poussant jusqu'au bout le dévergondage, ces mâles préfèrent copuler avec la fleur plutôt qu'avec leurs propres femelles. D'autres orchidées se transforment en parcs d'attraction, attirent l'insecte sur les petites lèvres de leurs corolles, mais comme les parois sont glissantes, l'insecte piégé ne peut ni reculer, ni se retourner, ni revenir en arrière : il est implacablement conduit, comme le petit train des labyrinthes, vers un étroit tunnel qui est la sortie obligatoire. La voûte du tunnel est chargée de pollen que le voyageur malgré lui emporte au passage : il le déposera sur une autre fleur de sexe différent qui aura su le charmer à son tour.

Savons-nous si les animaux qui nous sont plus proches encore ne possèdent pas eux aussi un certain sens métaphysique ? Je connais des chiens dont le comportement véritablement rituel pendant les orages est un modèle de crainte révérencieuse et de soumission aux lois de la nature, comme fut probablement l'attitude des Tasadays devant les hélicoptères de leurs découvreurs officiels.

o

« Cette présence au monde, dit Léopold Sédar Senghor, est participation du sujet à l'objet, participation de l'homme aux forces cosmiques, communion de l'homme avec les autres hommes, et par-delà, avec tous les existants, du caillou à Dieu. » (*Négritude et Humanisme*).

Tel est en effet le sens profond de cette cohésion, de cette totalité liée à l'organisation et à l'énergie de notre univers. Tel est notre environnement. On ne peut pas le limiter à la banlieue immédiate qui nous entoure. Aussi bien dans notre vie personnelle que dans notre vie de relations, il nous faut sans cesse garder à l'esprit que nos frontières sont toujours provisoires et que nous continuons, intimement, à faire partie de l'expansion ou de l'éternité cosmique, au-delà des hypothèses. C'est dans ces conditions seulement que nous pourrons savoir vraiment de quoi nous parlons quand nous disons **l'homme** et quand nous disons **l'environnement**.

# II

# LES QUATRE PROPOSITIONS

Il y a toujours, dans tous les auditoires, quelqu'un qui aime à poser des questions. Il arrive souvent que ces questions témoignent d'un souci réel d'approfondir les problèmes soulevés plus que du désir de l'interlocuteur de se mettre lui-même en valeur. Mais, quoi qu'il en soit, les débats sont toujours riches d'enseignements.

Il est bien vrai aussi que plus on croit connaître un sujet, plus il est difficile de l'expliquer simplement et clairement. Chesterton disait que le spécialiste étant celui qui sait de plus en plus de choses sur un sujet de plus en plus restreint, l'idéal est de tout savoir sur rien. Nous pouvons témoigner qu'il est en effet presque impossible de faire partager vraiment une connaissance et surtout cette connaissance du *rien*, lorsqu'elle s'est révélée à vous, si l'autre n'en a pas déjà fait peu ou prou ou n'en veut pas faire lui-même l'expérience.

Mais rien n'empêche d'essayer, comme le fit un jour Albert Einstein.

Dans les années cinquante, un organisateur de voyages américain avait préparé, pour des fermiers du Minnesota, un tour des Etats-Unis. Au programme figurait – culture oblige – : « visite de l'Université de Princeton où le célèbre savant Albert Einstein expliquera sa fameuse théorie de la relativité ». Pas plus ! Le Président de Princeton ennuyé convoque Einstein et avec bien des circonlocutions lui explique l'affaire : difficile de refuser, ce sont des gens intelligents comme tous les américains, mais enfin, le niveau n'est pas extraordinaire ; on ne peut pas non plus les envoyer promener, ce serait indélicat, alors, que faire ? Pas de problème, dit Einstein, je leur expliquerai. Le jour venu, les braves fermiers s'installent dans le grand amphithéâtre. L'intérêt qu'ils portent à la Relativité Générale est très variable. Certains sont tout frétillants d'impatience, surtout les femmes, toujours avides de nouveautés. D'autres restent plus ou moins amorphes, mais ils sont là quand même. D'autres s'en moquent complètement : ils ont fait probablement comme ce shérif de Bâton-Rouge que j'avais rencontré à New-York, au Metropolitan Museum, qui s'était cantonné dans le bar du sous-sol et sirotait ses bourbons, pendant que sa femme était en contemplation devant les plus belles oeuvres d'art du monde. « She will explain to me later : elle m'expliquera plus tard, pourquoi est-ce que j'irais me fatiguer ? », me disait-il, avec son accent traînant du Sud. Trois heures après, il était encore là, la voix un peu plus pâteuse, l'accent un peu plus traînant, mais toujours bien droit sur son tabouret de bar. « Il faut savoir faire des sacrifices pour l'art, if you see what I mean... » Donc, Einstein arrive tranquillement, avec son petit air de fouine, devant ces grands gaillards un peu rubiconds et leurs femmes en chapeaux fleuris, cheveux violets et pantalons roses : « Je vais vous expliquer ma théorie de la relativité. Supposez que je me promène avec un aveugle. Je lui dis : " Voulez-vous boire un verre de lait ? " – " Un verre, je sais ce que c'est, le lait, qu'est-ce que c'est ? " – " C'est un liquide blanc. " – " Liquide, je sais ce que c'est, blanc, qu'est-ce que c'est ? " – " C'est comme les plumes d'un cygne. " – " Les plumes, je sais ce que c'est, un cygne, qu'est-ce que c'est ? " – " C'est un oiseau qui a le cou recourbé. " – " Le cou, je sais ce que c'est, recourbé, qu'est-ce que c'est ? " Alors, je prends le bras de l'aveugle, et je lui dis en joignant le geste à la parole : – " Droit, c'est comme ceci, recourbé, c'est comme cela. " Alors, l'aveugle se frappe le front et dit : – "Je sais maintenant ce que c'est que le lait ! "

– " Pas de questions, mesdames et messieurs ? " Pas de questions. Exit Einstein. C'est depuis ce jour-là que les lois de la Relativité Générale n'ont pratiquement plus de secrets pour les fermiers du Minnesota.

Dans les annales du zen, il y a toujours beaucoup de questionneurs. Et des questions-piège, des questions-bateau. Et des réponses déroutantes. Nous avons vu comment cela se passait entre Rinzaï et Obaku, puis entre Rinzaï et ses disciples : des coups de bâton, des incongruités. Et aussi des petites phrases illuminantes. C'est le style du zen.

_ « Maître, dit le disciple, que faut-il faire pour avoir l'illumination ? »

_ « Rien de plus que ce que tu fais pour que le soleil se lève tous les matins. »

_ « Alors, à quoi bon tous ces exercices difficiles et cette vie dure que vous m'obligez à mener ? »

_ « Pour être sûr que tu aies les yeux bien ouverts quand le soleil se lève le matin. »

Car les questionneurs, s'ils sont sincères et partagent l'expérience, sont souvent des éveilleurs. Et ce qui est important pour voir, c'est d'ouvrir les yeux. Vérité de La Palisse bien oubliée.

Ecoutez Dôgen :

« Au temps où je me trouvais en Chine (c'était au XIIIème siècle), dans un Monastère des Song, pour y lire les écrits des anciens, un moine me demanda :

_ « A quoi sert de lire ces livres ? »

Je répondis :

_ « A connaître les faits des anciens. »

Ce moine demanda :

_ « Pourquoi ? »

_ « Pour instruire les gens et les sauver quand je serai de retour dans mon pays. »

Le moine reprit :

– « Pourquoi ? »

Je dis :

– « Pour sauver les êtres. »

Alors le moine:

– « En fin de compte, pourquoi ? »

Plus tard, écrit Dôgen, en réfléchissant au principe contenu dans ces questions, je reconnus que, connaître les faits et gestes des anciens en lisant des écrits et problèmes zen pour les expliquer aux êtres qui sont dans l'erreur, tout cela était finalement inutile pour sauver les autres par mes propres pratiques. Car, si uniquement par zazen, la méditation assise, on a compris la grande chose essentielle de l'Eveil, on peut, même sans connaître un seul caractère d'écriture, se consacrer à l'enseignement de ses semblables. Voilà pourquoi ce moine me demandait :

– « Finalement, à quoi bon? »

J'ai pensé que c'était là la pure vérité et j'ai dès lors cessé d'examiner les écrits des anciens et autres choses semblables. Je suis arrivé à comprendre au moyen de la méditation assise le grand principe essentiel. » (Dôgen : Shôbôgenzo).

Nous avons parlé brièvement de la « dialectique » du zen et aussi de sa « maïeutique », avec toutes les réserves qui s'imposent, car, comme le dit Thomas Merton : « Quand on fait beaucoup d'histoires à propos de la spiritualité, de « l'illumination », c'est souvent que des buses tournent autour d'un cadavre... Le zen n'enrichit personne. Il n'y a pas de corps à trouver. Les oiseaux peuvent venir tourner un moment à l'endroit où il est supposé être. Mais ils ne tardent pas à aller ailleurs. Quand ils sont partis, le « rien », le « non-corps » apparait soudain. Voilà le Zen. Il était là tout le temps, mais les nécrophages ne l'ont pas vu, car ce n'était pas leur genre de proie. »

Ainsi en était-il de Rinzaï dans son monastère. Il subissait souvent les questions des nécrophages, il avait ses méthodes bien à lui pour les détourner des cadavres et les mettre sur la voie de la découverte du « non-être », du « tout autre » de la vie véritable.

« Adeptes, disait-il, la vérité est très difficile, la loi est obscure et mystérieuse : c'est tout juste si on peut la comprendre. Bien qu'à longueur de journée, je prodigue aux apprentis explications et réfutations, ils n'en tiennent aucun compte. A mille et dix mille reprises, ils piétinent le sol, mais c'est comme s'ils étaient dans des ténèbres noires et brûlées où l'on ne distingue aucune forme. Ils n'ont pas assez confiance en leur lumière personnelle. Ils vont chercher des interprétations dans les noms et dans les phrases. Jusqu'à l'âge d'un demi-siècle, ils n'ont souci que de compter sur les autres. Et ils s'en vont portant leur propre cadavre, courant le monde chargés de leur fardeau. Un jour viendra où on leur fera manger leurs sandales de paille ! »

Un tel enseignement n'était pas fait pour encourager l'auditoire de Rinzaï à poser des questions ? Il se trouva pourtant un moine bien poli, bien élevé. Il ne rota pas à la figure du Maître, il ne lui tendit aucun piège, il ne se prêta à aucune dérobade. Il posa seulement quatre questions très simples, très claires. Le Maître répondit quatre fois, très poliment, très gentiment, sans éructations, sans cris, sans coups de bâton. Mais ce fut peut être pire encore.

Imaginez ce jeune moine timide, qui ne veut pourtant pas en rester là et qui s'enhardit jusqu'à interroger le Maître quoiqu'il puisse lui en coûter. Et les autres attendent. Que va-t-il se passer ?

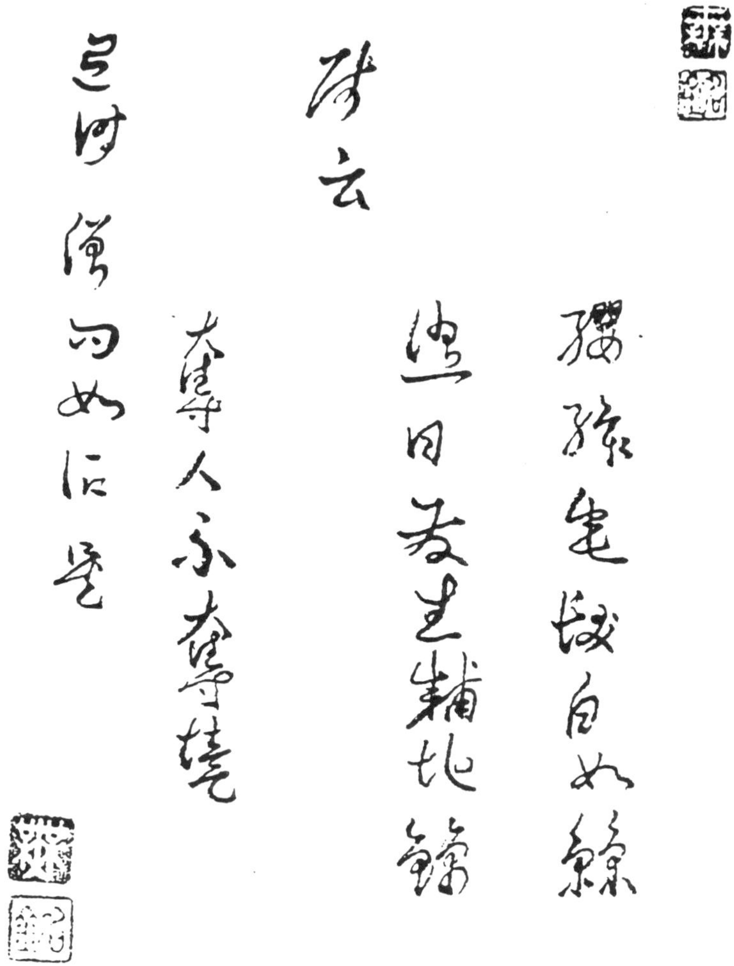

Il y eut alors un moine qui demanda:

– Qu'est-ce que supprimer l'homme sans supprimer l'environnement ?

Le Maître répondit :

– La chaleur du soleil fait naître sur le sol un tapis de brocard ; les cheveux pendants des enfants sont blancs comme des fils de soie.

## Première Question :

« Le moine demanda :

– Qu'est-ce que supprimer l'homme sans supprimer l'environnement ?

Le Maître répondit :

– La chaleur du soleil fait naître sur le sol un tapis de brocard ; les cheveux pendants des enfants sont blancs comme des fils de soie »

« C'est, dit Paul Demiéville, supprimer le sujet connaissant, sans supprimer l'objet, c'est-à-dire le monde extérieur, l'univers connaissable ; c'est la position *réaliste*, si l'on prend ce terme au sens de l'existence du monde extérieur. »

Mais extérieur à qui, puisque l'homme n'existe plus, puisqu'il est réduit à l'état d'un mythe inconcevable ? Est-ce que, dès cette première réponse, nous ne commençons pas un peu à nager dans le délire ?

Evidemment, si l'on y réfléchit, la position de l'homme par rapport à l'univers est tout à fait précaire, quoiqu'en dise le principe anthropique. Il est tentant, si l'on veut être *réaliste* de tenir compte exclusivement de ce que nous impose notre environnement, comme nous le faisions d'ailleurs contraints et forcés jusqu'à un âge avancé de la préhistoire, peut-être jusqu'à l'époque où nous avons su faire du feu. Nous subissions et nous acceptions les dures contraintes des climats changeants, des bouleversements de la terre, des cataclysmes naturels, de la maladie et de la mort, sans jamais penser que nous pourrions avoir un jour sur tous ces éléments la moindre influence personnelle. Oui, dans l'univers, l'homme était peu de chose, autant dire rien. Tant d'animaux étaient bien plus forts, bien mieux adaptés que lui. On pouvait donc facilement admettre que, réduit à ses dimensions physiques il semblait n'avoir que peu de valeur, comparé à l'environnement.

La soumission, la résignation furent ainsi, très longtemps, la seule règle de vie possible pour cet homme livré à lui-même et douloureusement confronté à des lois, à des phénomènes terrifiants auxquels il ne pouvait rien comprendre.

L'homo metaphysicus primitif réagissait de diverses manières, en divinisant pour leur donner formes humaines ces forces surhumaines en essayant de se les concilier, voire de les contraindre par ses incantations, ses rituels magiques, ses sortilèges.

Plus tard, d'autres à la suite du Bouddha se penchèrent sur le problème de la souffrance et sur les moyens de la vaincre en essayant de supprimer l'attachement à l'ego qui en était à leurs yeux la cause principale.

D'autres encore eurent foi en un Dieu unique qui accomplissait son oeuvre de création permanente par l'espérance contenue dans la révélation Abrahamique insufflée d'abord au peuple élu que l'avait choisi, puis par l'amour qui prêchait son incarnation humaine qu'ils appelèrent Fils et Seigneur, puis par la foi en un livre qui

這 alors
時
僧 un moine
問 demander
如 comment
何

是 cela
奪 supprimer
人 homme
不 ne pas
奪 supprimer
境 environnement

師 Le maître
云 parler

煦 lumière
日 chaleur
soleil
發 provoquer
生 naissance
鋪 tapis
地 terre
錦 brocard
嬰 enfants
孩
垂 pendant
髮 chevelure
白 blanc
如 semblable
絲 fils de soie

leur résumait tous ses commandements et qu'il avait dicté à son dernier Prophète.

Certains encore, parmi les hommes se réfugièrent dans une insouciance hédoniste, certains au contraire, dans une révolte désespérée qui voyait dans le suicide l'unique voie de sortie logique.

En notre temps que nous avons la faiblesse de croire très moderne et très évolué dans sa recherche du *progrès humain*, où nous pourrions facilement admettre que l'environnement nous est définitivement soumis, des penseurs, des moralistes, des philosophes prêchent notre inadaptation rédhibitoire au monde, et faute d'en accepter le mystère, en proclament l'absurdité. Ainsi est-on parvenu à une grave déconsidération du destin de l'homme et de son rôle dans l'évolution de l'univers.

Il n'en est pas moins vrai que, dans toutes les actions entreprises pour établir sincèrement de meilleures relations entre l'homme et le monde, et que motive l'écologie ordinaire même lorsqu'elle est réduite à ses seuls aspects physiques, on trouve toujours dès l'origine, un amour de la nature tout à fait sincère et, bien entendu, parfaitement respectable. « La chaleur du soleil fait naître sur le sol un tapis de brocard... » Quelle merveille, en effet, et comment ne pourrait-on partir en guerre contre ceux qui auraient l'intention de détruire toute cette beauté ? Le tapis de brocard des fleurs printanières nouvelles mérite qu'on se mobilise avec la dernière énergie pour le préserver envers et contre tous. Or, le prédateur le plus menaçant, c'est *l'homme*.

Dans un grand journal, le Commandant Cousteau qui le premier nous initia aux merveilles, maintenant bien compromises, des fonds sous-marins, qui, dès ses premiers films faisait alliance avec le monde du silence par le truchement de Jojo le Mérou, lance aujourd'hui un cri d'alarme (*Le Figaro* _ 24 Mai 1990). Cet homme qui est l'écologiste scientifique le plus connu de notre époque, qui a passé sa vie à faire connaître, aimer et respecter la nature, affirme que la grande terreur qui se prépare, la « bombe à retardement » qui menace notre planète, c'est la surpopulation, le trop grand nombre d'êtres humains :

_ « Je vais avoir quatre-vingts ans, dit-il, et durant ma vie, le nombre de terriens a été multiplié par trois... D'ici à 2080, dans moins de cent ans, la terre comptera 16 milliards d'hommes... De nos jours, la technologie permet, si l'on décide d'y mettre les moyens, de résoudre à peu près tous les problèmes, sauf celui-là. On pourrait revoir sensiblement à la baisse cette estimation si on prenait dès à présent un certain nombre de mesures, mais il faut aller très vite. le chiffre de 16 milliards constitue une menace pour la planète bien plus considérable que toutes les pollutions... Je ne dis pas que l'on ne pourra pas survivre sur terre en étant 16 milliards d'humains, mais une chose est sûre, on ne pourra plus y vivre au sens où nous l'entendons, c'est-à-dire dans un cadre de vie agréable, avec un environnement sauvegardé. Ce sera l'enfer. »

Des hommes, des gouvernements pourraient être tentés, pour échapper à ces sinistres prédictions, d'instaurer au nom de l'écologie, du bien-être, de l'éternel *progrès humain*, un système draconien de malthusianisme international, et je me demande si certains politiques n'y ont pas déjà songé. Les plans de limitation des naissances, les lois autorisant les interruptions de grossesse, les moyens de plus en plus perfectionnés de contraception vont dans ce sens mais ne s'appliquent pour l'instant, dans la pratique, qu'aux seuls pays riches.

Ce sont, de toutes façons des solutions nettement insuffisantes pour éviter les 16 milliards de l'an 2080. Alors, que faire ? Exterminer des populations, détruire en masse ces hommes qui risquent de devenir trop encombrants ? Mais nous n'avons jamais cessé de le faire.

Voyez comme en partant du Monde du Silence et de Jojo le Mérou du Commandant Cousteau, que l'on voudrait légitimement sauver à tout prix, on pourrait, si l'on n'y prenait garde, parvenir à des entreprises organisées de destruction de l'homme.

A l'amour légitime de la nature, peut s'adjoindre en effet un non moins légitime sentiment d'indignation contre les atteintes dont elle risque d'être l'objet. De l'indignation à la haine exterminatrice, il n'y a plus que quelques étapes à franchir et l'on arrive facilement au totalitarisme, à la dictature, au mépris des droits de l'homme. Alors les enfants des hommes ne sont plus des enfants, ils sont dénaturés, transformés en des créatures irréelles, fantomatiques, « aux cheveux blancs, longs et pendants comme des fils de soie ». Il devient dès lors très logique de construire un système qui, à tous les niveaux, celui de la physique, celui de l'intelligence, celui de l'esprit, celui de l'âme, rejette l'existence de l'homme, ou tout au moins, le considère seulement comme un élément, abstrait, exécrable et négligeable en tant que tel, de l'univers, et dont on doit se débarrasser sans remords et sans hésitation s'il vient à devenir gênant.

Cette tentation est celle de trop nombreux régimes politiques et de tant de révolutions dont on exalte les « réussites » dévoyées ; elle continue à inspirer des rêves fous, à diriger des actions sanguinaires. Elle continue à jeter sur les routes de la déportation et dans les camps d'extermination des populations entières qui n'ont d'autre tort que d'exister. Elle continue à annexer des provinces, à sacrifier des millions de vies, à multiplier des armements de plus en plus barbares et massivement destructeurs. Elle continue à justifier par des « raisons d'état » les agissements contre nature de polices parallèles et les tortures les plus abominables. Les « solutions finales » des camps de concentration nazis, les génocides toujours perpétrés à l'heure même où j'écris, les atteintes permanentes aux vies et aux droits des hommes les plus élémentaires sont les manifestations de ces idées poussées jusqu'au bout de leurs diaboliques perversités.

On observe souvent chez les grands génies du mal, destructeurs impitoyables de l'humanité par foules entières, une passion, un amour de la nature, qui nous semble incompatible avec leurs folies sanguinaires. Hitler, dans son nid d'aigle, trouvait dans la contemplation romantique des montagnes de Bavière de nouvelles forces pour ordonner ses forfaits. Dans le temps même où ils envoyaient délibérément à la mort, dans les jungles de Birmanie, des colonnes de prisonniers démunis de tout, le général Matsushita et ses officiers écrivaient de délicats poèmes pleins de sensibilité, et plus tard les kamikazes, avant d'aller se lancer sur les vaisseaux ennemis célébraient l'impermanence de la fleur de cerisier. Gengis Khan se réjouissait des longues chevauchées dans les déserts de Transoxiane, dans les steppes de la Haute Toula, dans les montagnes du Khangaï, aux bords des grands lacs du Tarbagataï : il se montrait volontiers lyrique, lorsqu'il contemplait une vallée fertile, une prairie verdoyante. « Voici, disait-il, un beau site pour les réunions d'un peuple tranquille, un beau pâturage pour les cerfs et les chevreuils, un lieu de repos parfait pour un vieil homme ». Ce qui ne l'empêchait pas l'instant d'après de tout ravager, de détruire avec la dernière sauvagerie les villes qu'il avait conquises, d'exterminer tout le peuple Tatar.

Les grands criminels ornent souvent d'une fleur bleue leurs instruments de mort. C'est cette même fleur que l'on retrouve aux fusils des enthousiasmes populaires rituellement organisés, lorsqu'il s'agit d'envoyer, joyeux et inconscients, des générations de jeunes hommes aux massacres les plus tragiques de l'histoire de l'humanité. Ils n'ont pas toujours apparemment, ces enfants parés pour le sacrifice, « de longs cheveux blancs pendants comme fils de soie », mais ils n'en sont pas moins dénaturés puis sacrifiés au nom d'un environnement dévoyé et tout puissant auquel on donnera dans toutes les langues et dans toutes les mentalités du monde, des noms spécifiques : « espace vital », « grande Asie », « sphère de co-prospérité », « grande Europe », « ordre nouveau », « guerre sainte », « révolution nationale », « croisade anti-bolchevique », pour cacher des désirs d'hégémonie, des exigences d'asservissement, des volontés de pouvoir, des oeuvres d'anéantissement.

Je revois des images tirées d'anciens films d'actualité, dans les années qui précédèrent la seconde guerre mondiale. Déferle, irrésistible, acclamée par tout un peuple, l'idéologie nazie. Emblème dénaturé d'un signe de bénédiction et d'équilibre dans le monde, la svastika est déjà devenue le symbole révéré de la violence aveugle, du fanatisme et de la destruction. Je vois défiler en foules immenses ces enfants des Jeunesses Hitlériennes aux cheveux blonds « comme fils de soie » : dans la détermination farouche de leurs regards, déjà se lisent d'impitoyables certitudes ; dans leurs délirantes acclamations, déjà s'entendent les imprécations meurtrières et le hurlement sinistre de leurs combats futurs ; dans la cadence de leurs pas, déjà résonnent les martèlements des bottes qui voudront asservir le monde ; dans leurs bras tendus pour des saluts extatiques, déjà s'entrevoient des rigidités cadavériques ; sur leurs visages enfantins, déjà se dessinent les ombres de la mort.

Ils sont les frères de ces tout jeunes pilotes qui se jetteront volontairement quelques années plus tard avec leurs avions sur les navires de leurs ennemis, un bandeau blanc immaculé ceignant leurs fronts juvéniles promis au plus effroyable destin. « Ce matin, je me suis levé à six heures et j'ai respiré l'air pur de la montagne, écrivait le 28 avril 1945, avant de prendre son dernier envol, Akio Otsuka. C'est la dernière fois que je respire l'air du matin. Tout ce que je fais aujourd'hui, je le fais pour la dernière fois... La lune sera pleine ce soir. Je la contemplerai, puis je choisirai le bateau ennemi... » Il avait vingt-trois ans.

Ils sont les frères et les précurseurs de ces enfants qu'une religion détournée de ses doctrines essentielles et l'impudente promesse d'une immortalité fallacieuse envoyaient exploser sur les mines de glacis homicides.

Et les mauvais prophètes de la destruction trônent longtemps, acclamés et flagornés, sous les apparats grandioses, dans les tribunes orgueilleuses de leurs célébrations diaboliques.

Cette image des enfants aux cheveux blancs se retrouve dans plusieurs traditions. Elle signifie, presque toujours, une situation irréelle, impossible. Le blanc est la couleur de la mort, du deuil, une non-couleur, essentiellement néfaste, celle des suaires, des linceuls, des disparitions, des fantômes, des ectoplasmes. En Afrique Noire, les enfants albinos étaient mis à mort dès leur naissance. Chez les Aztèques, les guerriers qu'on offrait chaque jour en sacrifice pour assurer le retour du soleil étaient habillés de robes blanches, coiffés de plumes blanches, chaussés de sandales blanches, « couleur des premiers pas de l'âme avant l'envol des guerriers sacrifiés ». Leur métaphysique considérait la vie humaine comme secondaire, par rapport à celle du monde que symbolise et régit la course du soleil dans la blancheur de sa lumière. Au Japon, pour accomplir les rites de la mort volontaire, le seppuku, il fallait avoir revêtu un kamishimo blanc, kimono de cérémonie exclusivement réservé à cette circonstance. Dès sa jeunesse, tout samouraï était tenu d'en posséder un dans sa garde-robe. En outre, la lame du sabre court avec lequel on s'ouvrait le ventre était enveloppée dans un papier blanc immaculé. Quant aux cheveux défaits, pendants, ils étaient aussi en Chine, un signe de deuil.

Représentation d'un monde illusoire, cet enfant aux longs cheveux blancs peut parfois être proposé comme une sorte de modèle existentiel. L'Université Hanazono, à Kyoto – près de deux mille étudiants – se présente ainsi : « On peut dépeindre l'Université Hanazono comme « un enfant aux longs cheveux pendants blancs comme fils de soie » (Entretiens du maître de tch'an Linji), c'est-à-dire, quelque chose qui serait à la fois extrêmement immature et extrêmement accompli : immature, du point de vue du monde, et accompli en ce qu'elle vit au-delà de la maturité et de l'immaturité ». N'est-ce pas un peu compliqué ? Il me semble comprendre, certes, ce qu'a voulu exprimer par là cette honorable université, dans sa notice publicitaire, et la nécessité où nous sommes d'harmoniser les contraires, si l'on veut progresser. C'est au-delà de la maturité et de l'immaturité, au-delà des cheveux blancs de la vieillesse et des innocences enfantines que se trouve la vraie connaissance. Le but de l'éducation n'est pourtant pas de créer et d'entretenir des hybrides qui seraient incompatibles avec la vraie nature de l'homme, il est peut-être justement d'aider les autres à passer d'une immaturité initiale à la maturité de l'accomplissement.

Les progrès du génie génétique nous permettent déjà d'entrevoir dans un futur pas très éloigné, la fabrication de ces sortes d'enfants aux longs cheveux blancs. On parle des clones, ces jumeaux exactement décalqués qui pourraient fournir à la demande de leurs homozygotes, les pièces détachées idéales pour de futures greffes d'organes. On peut trembler en imaginant les malheurs qu'engendrerait une telle science si elle se mettait un jour au service de ceux qui, poussés par ce qu'ils appellent une vision réaliste du monde et de son gouvernement, appliqueraient la première proposition de Rinzaï. « Supprimer l'homme, sans supprimer l'environnement » deviendrait alors entre les mains de quelques individus ambitieux une abominable méthode *pratique* de domination. Des élevages de sous-hommes fabriqués par clonage et soigneusement conditionnés serviraient de matériel de guerre facilement renouvelable pour des conquêtes toujours plus diaboliques.

On peut retrouver à tous les niveaux, et pas seulement à celui de la vie matérielle ou de la vie politique ces semences de mépris pour le rôle de l'homme dans son environnement génératrices de destructions impitoyables. Sur le plan métaphysique, par exemple, la nécessité d'une ascèse est reconnue par toutes les religions, toutes les spiritualités, toutes les grandes traditions, tant il est vrai que la poursuite des satisfactions égoïstes de l'homme est un obstacle qu'il faut absolument surmonter si l'on veut parvenir à la connaissance d'un Absolu. Le mot lui-même « askésis » ἄσκησις désigne tout simplement la pratique des exercices physiques par lesquels les athlètes de la Grèce antique s'entraînaient aux arts martiaux et aux sports de compétition. Des jeux du stade à la recherche de la perfection spirituelle, ce n'est qu'une question d'objectifs et les mêmes méthodes peuvent s'appliquer. Car la voie qui mène l'homme à son accomplissement dans tous les domaines est étroite et difficile. Elle ne se contente pas, comme le disait Maître Eckhart, d'une volonté accidentelle et non essentielle. Elle exige une volonté « décisive, créatrice et habituelle ». Elle implique des méthodes précises appliquées avec une vigilance draconienne. Si pourtant la maîtrise de notre corps, le contrôle de ses pulsions émotives, la lutte contre ses tendances naturelles à la paresse routinière, ou au contraire à d'excessives frénésies est indispensable, ils doivent cependant rester à la mesure humaine et se pratiquer dans la sagesse et l'humilité. Mais il est arrivé que des exaltations dévoyées aient pu conduire à de véritables entreprises de destruction de l'homme dont le corps maudit est alors considéré comme une interdiction majeure à tout espoir de perfectionnement spirituel. La chair, instrument de péché doit être anéantie. En Orient comme en Occident, que de mentalités ont été marquées par cette aberration !

Les programmes soigneusement calculés des exercices inhumains auxquels s'astreignaient autrefois les « yamabushi », « les hommes de la montagne », dans le nord du Japon, pouvaient s'étendre sur mille, cinq mille ou dix mille jours. Ils vivaient dans une réclusion totale, dans des cavernes, des huttes de branchages. Les hivers longs et rigoureux, les chutes de neige augmentaient encore leur solitude. La montagne sauvage était l'environnement grandiose de leur désespérante entreprise de destruction d'eux-mêmes. Ils passaient leurs journées nus, par les froids les plus intenses, restaient des heures sous des cascades glacées en récitant leurs prières hermétiques. Surtout, ils s'infligeaient un régime alimentaire terrible qui avait pour but de momifier leurs corps de leur vivant. Dès le début, viande et poisson évidemment supprimés, ils s'abstenaient pendant trois ans et trois mois de manger les cinq céréales : riz, orge, soja, blé, haricots rouges. Les trois ans et trois mois suivants, ils ne mangeaient plus que des glands et des baies sauvages. Ensuite, ils se contentaient de mâcher l'écorce des arbres. Peu à peu, leur corps perdait toutes ses graisses, leurs téguments se desséchaient, leurs muscles fondaient, et lorsqu'ils étaient parvenus à un état de misère physiologique total, complètement déshydratés, la peau sur les os, les intestins atrophiés, ils entamaient la dernière étape. Ils creusaient une fosse dans laquelle ils s'asseyaient avec pour tout mobilier un chapelet et une clochette sur laquelle ils frappaient à intervalles réguliers avec un petit maillet. Un disciple recouvrait la fosse de branchages et d'une épaisse couche de terre, un bambou creux leur amenait un peu d'air, seul et dernier contact avec le monde des vivants. Ni nourriture, ni boisson. On entendait tinter la clochette encore quelque temps, parfois plusieurs mois, puis tout cessait. Trois ans plus tard, on déterrait la momie pour l'exhiber dans des temples. Le plus ancien enterré vivant que l'on ait retrouvé date du XIVème siècle, le plus récent de 1903.

Ils appartenaient à une secte redoutée et redoutable, le « shugendô » qui remonte historiquement au XIIème siècle, mais dont l'origine réelle se perd dans la nuit des temps préhistoriques, celle des sorciers et chamanes dont ils gardaient les traditions secrètes, les rites d'exorcismes. Ils s'apparentaient suivant les fortunes politiques tantôt à la religion ancestrale du Shintô, tantôt au Bouddhisme ésotérique importé de Chine, tantôt aux deux à la fois dans un syncrétisme très instable. Ils furent souvent persécutés. Bien qu'officiellement toutes leurs sectes aient été dissoutes en 1872, le Japon ultra-moderne de ces dernières années du XXème siècle en conserve encore d'assez nombreux représentants officiels modérés et aussi quelques autres plus ou moins clandestins qui continuent à perpétrer leurs sortilèges maléfiques avec une grande efficacité. Ils considèrent comme leur fondateur et père spirituel un ascète nommé En-no-gyôya qui aurait vécu au VIIIème siècle dans la montagne, fréquentant les génies, volant dans les airs, marchant sur les eaux, enchaînant les dieux hostiles à son bon vouloir et finalement disparaissant sans laisser de traces. Les fêtes votives et les pèlerinages traditionnels des Yamabushis sont très réputés et attirent toujours les touristes. On les tolère à la condition qu'ils ne troublent pas l'ordre public, et surtout renoncent aux plus extrêmes parmi les affreux exercices d'ascétisme auxquels ils se sont livrés dans le passé. J'en rencontrais parfois dans les rues de Kyôto, tout de blanc vêtus, jambières et sandales de paille, un long bâton à la main, une conque marine en bandoulière dont ils tiraient périodiquement des sons étranges, comme ceux d'une corne de brume, et sur la tête une natte roulée, leur unité d'habitation qui leur faisait un énorme chapeau oblong. Folklore, attraction pour touristes, recherche toujours sincère d'une voie spirituelle, on ne sait pas très bien à quoi s'en tenir quant à leurs motivations actuelles, d'ailleurs assez marginales pour l'ensemble du pays.

Ce que l'on a peine à imaginer, c'est qu'ils ont de nouveaux adeptes en Occident.

Octobre 1990, sur un glacier du Mont-Blanc, 2000 mètres d'altitude, par un terrible blizzard : une cordée d'alpinistes bien emmitouflée dans ses anoraks voit apparaître une jeune femme entièrement nue, qui marche sur la glace et disparaît bientôt. Ils pensent d'abord que c'est un mirage, un phantasme, mais tous ont eu la même incroyable vision. Hélas, on retrouve quelques jours plus tard, un peu plus loin, le corps dévêtu raidi par le froid. Mélangeant allégrement les yamabushis dont ils ne savent même pas écrire correctement le nom, le shugendô dont ils donnent des définitions hautement fantaisistes, les films de science-fiction de la guerre des étoiles, les ninjas maîtres espions du japon médiéval, et même la méditation transcendantale dont on se demande ce qu'elle fait dans cette histoire, les journalistes révèlent qu'il s'agirait d'une adepte des méthodes de purification par le feu et par le froid, Ghislaine S., qui a laissé là sa jeune vie en croyant « redéployer son énergie interne ». On apprend aussi dans le même article l'existence en France de groupes qui se réclament du shugendô, dont les pratiquants restent nus sous des cascades glacées par des températures de moins 15 degrés, qui marchent sur des braises ardentes et publient les photographies de leurs « exploits » (Figaro - 15 Octobre 1990).

D'autres sectes, de par le monde, pratiquent des mutilations volontaires plus ou moins graves et plus ou moins permanentes. En Ukraine, autrefois, on connaissait celle des doukhobors, les « lutteurs de l'esprit » qui se châtraient pour manifester leur rupture avec l'ordre établi et leur mépris de l'espèce humaine. Ils se sont assagis et assimilés en émigrant d'Ukraine au Canada, après être restés un temps à Bucarest, au siècle dernier, dans la corporation des cochers de fiacre où leur lignée s'est éteinte, on comprend aisément pourquoi, d'autant plus que les fiacres aussi ont disparu. Mais il existe encore aux Indes des tribus de castrats qui s'émasculent eux-mêmes, en famille et qui pourtant se perpétuent. Toujours aux

Indes, les sectateurs de Nâtaputta se décrivaient dans les anciens textes, tels qu'on peut toujours exactement les retrouver aujourd'hui aux bords du Gange : « Le jour, immobile comme une colonne, le visage tourné vers le soleil, se laissant brûler à une place exposée à l'ardeur de ses rayons, la nuit, accroupi, fixe, sans bouger... Accomplissant cette pénitence grande, assidue, éminente, excellente, salutaire, abondante, qui promet le bonheur, admirable, haute, sublime, signalée, puissante, il paraît très affaibli... Richement vêtu de pénitence mais épuisé de chair et de sang, pareil à un feu recouvert de cendres, resplendissant de mortifications, il est là debout, dans la splendeur de l'éclat de la pénitence... »

Les Confréries d'Aïssaouas au Maroc sont encore bien actives quoique surveillées étroitement par les autorités civiles et mal vues des autorités religieuses traditionnelles. Leurs moussems (pèlerinages annuels), comme ceux des yamabushis japonais, voient affluer de grandes foules avides d'assister à leurs séances d'hallucination collective et parfois d'y participer, curieuses de les voir marcher sur des charbons ardents, manger du verre, boire de l'eau bouillante et s'infliger des blessures en état de transe ou de catalepsie.

Dans le Bouddhisme, il y eut dès le début une rupture fondamentale avec les pratiques de macération des yogins. Le Bouddha avait d'abord vécu la vie facile d'un jeune seigneur. Puis il expérimenta les plus dures pratiques ascétiques du yoga de son époque. Mais, dès qu'il eut réalisé son illumination, dès qu'il fut devenu le Bouddha, l'Eveillé, voici quelles furent ses premières paroles, à ses anciens compagnons d'ascèse, dans le sermon de Bénarès :

« Il y a deux extrêmes, ô moines, dont celui qui mène une vie spirituelle doit rester éloigné. L'une est une vie de luxure adonnée aux plaisirs et à la jouissance : cela est bas, ignoble, contraire à l'esprit, indigne, vain. L'autre est une vie de macérations : cela est triste, indigne et vain. De ces deux extrêmes, ô moines, le Parfait se garde éloigné... »

Cette prise de position très nette n'a pas manqué de valoir au bouddhisme primitif les critiques des autres religions à une époque où plus qu'à aucune autre, le corps apparaissait comme l'ennemi principal de l'esprit. Le Bouddha remet en valeur l'équilibre et l'harmonie dans la recherche intérieure, dans le travail sur soi-même. Comme dans le tir à l'arc, si la corde est trop tendue, elle casse et l'on n'a plus entre les mains qu'un objet inutile incapable de remplir son office : c'est le corps brisé par l'ascétisme ; si au contraire la corde est trop lâche, la flèche ne peut pas partir : c'est le corps amolli par une vie trop facile. La corde doit être parfaitement tendue, ni trop, ni trop peu.

Dans les premières années de notre ère, Philon d'Alexandrie qui permit la rencontre de la tradition mystique juive avec la pensée grecque parlait de la secte des Thérapeutes qui, pour soigner et guérir les passions, d'où leur dénomination, s'imposaient de vivre loin des villes, construisaient dans les déserts leurs maisons de trois pièces : l'une pour prier, l'autre pour manger, la troisième pour dormir, se nourrissaient uniquement de pain et de sel et portaient des vêtements blancs immaculés. Ils s'adonnaient dans la solitude à la prière, à l'étude, à la contemplation. Mais d'autres ermites du désert ne montraient pas la même modération : comme leurs homologues hindous qu'on appelait les « gymnosophes », ils vivaient entièrement nus, se livraient à quantité de macérations extrêmes, à des jeûnes prolongés, à toutes sortes de pratiques qui témoignaient d'un violent mépris pour le corps et pour le reste de l'humanité. Ils allaient souvent vivre dans les tombeaux, séjours privilégiés des démons. On raconte qu'un jeune ermite tourmenté par le souvenir d'une belle prostitué, qu'il avait connue, trouva un moyen, sinon élégant, du moins d'une certaine efficacité pour s'en libérer : lorsqu'il apprit sa mort, il se rendit dans son tombeau, trempa sa tunique dans le pus qui coulait des chairs en décomposition et retourna dans sa cellule. Et chaque fois qu'il pensait à son ancienne belle, la puanteur l'assaillait et il disait : « Voilà ce que tu désirais, tu l'as, rassasie-toi ! » Horribles méthodes !

Dans la tradition chrétienne, nous avons aussi nos ascètes excessifs qui interprétaient l'Evangile et les paroles des Pères de l'Eglise selon la lettre plus que selon l'esprit. L'homme et surtout la femme, le corps, l'humanité, étaient considérés comme les réceptacles des vices, des corruptions qui s'opposent à l'ascension de l'âme vers Dieu. Saint Jérôme ne disait-il pas au IVème siècle que l'homme « doit laisser tomber les hommes et chercher les anges, lâcher les villes pour trouver le Christ dans la solitude... » ? Plus tard, le doux Saint François de Sales dira de Saint Jérôme « qu'il avait une sévérité étrange et semblait tout à fait rébarbatif » ! Mais pourtant, Saint Jérôme savait qu'au-delà du combat ascétique, il ne fallait jamais perdre de vue la lumière divine, afin de ne pas se laisser réduire aux constantes ténèbres de la lutte contre les sens intérieurs et extérieurs. C'est cette lumière divine qui fait fleurir les déserts :

« O désert où s'épanouissent
Les fleurs chatoyantes du Christ !
O solitude où naissent les pierres fameuses
Par lesquelles se bâtit la Cité du grand Roi !
O ermitage qui jouit de la familiarité Divine ! »

Le tapis de brocard dont parle Rinzaï peut fleurir dans les pires déserts, à la condition qu'ils ne soient peuplés ni d'enfants aux cheveux blancs, ni de fakirs indéfinis, ni d'ascètes autodestructeurs, ni de fantômes utopiques, ni de chimères préfabriquées. Sinon, cette illusion de vie spirituelle ne serait qu'une fantasmagorie de plus et cette ascèse extrémiste ne mènerait qu'à l'anéantissement stérile de l'esprit et du corps définitivement dissociés. L'idéal de la vie ne serait-il que dans la production délibérée de cadavres desséchés tout juste bons à être exhibés en de dérisoires célébrations ?

Les drogues psychédéliques, comme le peyotl des Indiens du Mexique, le L.S.D., le hachisch, ont pu mener dans des cas très restreints et rigoureusement contrôlés, soit par des contraintes tribales très anciennes, soit par de sévères protocoles scientifiques, à des expériences qui semblaient authentiquement mystiques. Il n'en est pas moins vrai qu'elles sont aussi devenues, surtout avec leur habituel complément de drogues dures, telles que la cocaïne ou la morphine, une autre forme de rejet de la vie véritable, une nouvelle technique d'autodestruction, un aboutissement pratique de pulsions suicidaires, donc une manière encore de supprimer l'homme pour ne garder que l'environnement illusoire des paradis artificiels.

J'ai raconté ailleurs * une conversation que j'avais eue avec Mishima, au cours d'un tournoi de Kendô, peu de mois avant son tragique suicide et j'avais été frappé alors par son obsession de la mort. Chez cet écrivain doué, comme me l'écrira plus tard Marguerite Yourcenar, d'un « rare et authentique génie », on pouvait d'une certaine manière retrouver les tendances qui étaient

---

* *Le sabre et la Vie*, Ed. de la Maisnie, p. 206 et suivantes.

celles de ces ascètes excessifs d'autrefois. Dans son oeuvre, il appelle la mort « ravissement extatique », « rite et bénédiction enivrante », « sommet de l'érotisme ». Dans toute sa vie, il avait transposé en attitudes aussi provocantes que celles des « yamabushi » de la montagne son attirance pour la mort et pour la destruction de l'homme. Tous ces subterfuges : ses manifestations d'hystérie devant les caméras, ses prises de positions politiques difficiles à accepter, son militantisme d'extrême droite, l'armée privée qu'il avait fondée, qu'il entretenait, qu'il faisait manoeuvrer, à laquelle il imposait comme à lui-même des épreuves à la limite du supportable, tout cela devait aboutir, non pas à l'ensevelissement dans une fosse où son corps achèverait de se momifier, mais à cette mort spectaculaire par suicide rituel où il voyait peut-être aussi l'aboutissement de ses recherches, de ses efforts, de sa quête d'un Absolu.

Recherche du dépassement, besoin d'explorer ses limites, mais tout de même, finalement, une certaine disposition à la coercition plus qu'à l'exaltation de l'homme, les équivalents mineurs de ces pulsions ne manquent pas de nos jours. Sinon, comment expliquer ce goût effréné des records dangereux et le succès de sports ou d'exercices modernes qui consistent, par exemple à se lancer dans le vide, suspendu à une fragile lanière de caoutchouc, accroché à une légère armature tendue de toile comme un cerf-volant ? Comment expliquer la prolifération de séminaires où l'on apprend aux participants, entre autres choses, à marcher sur le feu ? Ce ne sont plus toujours des suicidaires en puissance, des illuminés marginaux ou des sectateurs exotiques qui s'adonnent à ces pratiques, mais de sérieux chefs d'entreprise, des présidents de sociétés, des responsables de haut niveau.

Le zen a toujours eu trop de respect pour l'homme total, corps et esprit unis, cet *homme vrai*, sans affaires de Rinzaï, pour lui imposer les souffrances excessives et l'anéantissement d'un ascétisme dévoyé. Il n'est pas pour autant favorable au laxisme, à la facilité, au quiétisme bienheureux de l'irresponsabilité. Il préconise l'équilibre parfait du calme et de la vigilance, le chemin du juste milieu. Il faut savoir supporter les souffrances inévitables, accepter un état de tension qui peut être difficile – celui de l'homme intermédiaire naturel, tendu de tout son être, en épectase, entre la terre et le ciel – en évitant de se laisser aller à de coupables complaisances vis-à-vis de soi-même.

Saint Jérôme encore, maître de l'ascèse chrétienne, disait : « les jeûnes longs et immodérés me déplaisent bien fort... », cependant que Saint Bernard se repentit d'avoir « usé de trop d'austérité ». Et Saint François de Sales, dans son langage particulier règle définitivement son compte à l'ascétisme excessif :

« Nous sommes grandement exposés aux tentations quand nostre corps est trop nourri et quand il est trop abattu : car l'un le rend insolent en son ayse et l'autre le rend désespéré en son mésayse ; et comme nous ne le pouvons porter quand il est trop gras, aussi ne peut-il nous porter quand il est trop maigre... ».

Supprimer l'homme dans sa vérité pour conserver seulement un environnement imaginaire, peut mener aux pires extrémismes, aux pires dictatures, sur tous les plans, physique, social, métaphysique. Une écologie qui se satisferait de telles solutions ne saurait aboutir, après la suppression de l'homme qu'à la découverte angoissante d'un environnement qui n'existe plus, puisqu'il n'a plus rien à envelopper et qu'il n'y a plus rien à préserver. Si, en effet la présence de l'homme crée, d'une certaine manière, l'environnement et si l'existence de l'univers dépend, en conséquence, de son observation par l'homme, à partir du moment où il n'y a plus d'observateur, il n'y a plus rien à observer.

Il est vrai que l'homme est destructeur. Ce n'est pas une raison pour le supprimer, mais c'est une raison majeure pour l'éduquer. Il est vrai, et nous allons le voir maintenant, que l'homme, aussi moderne, aussi savant soit-il, ne semble pas toujours suffisamment évolué pour comprendre l'importance de son rôle au sein de l'univers.

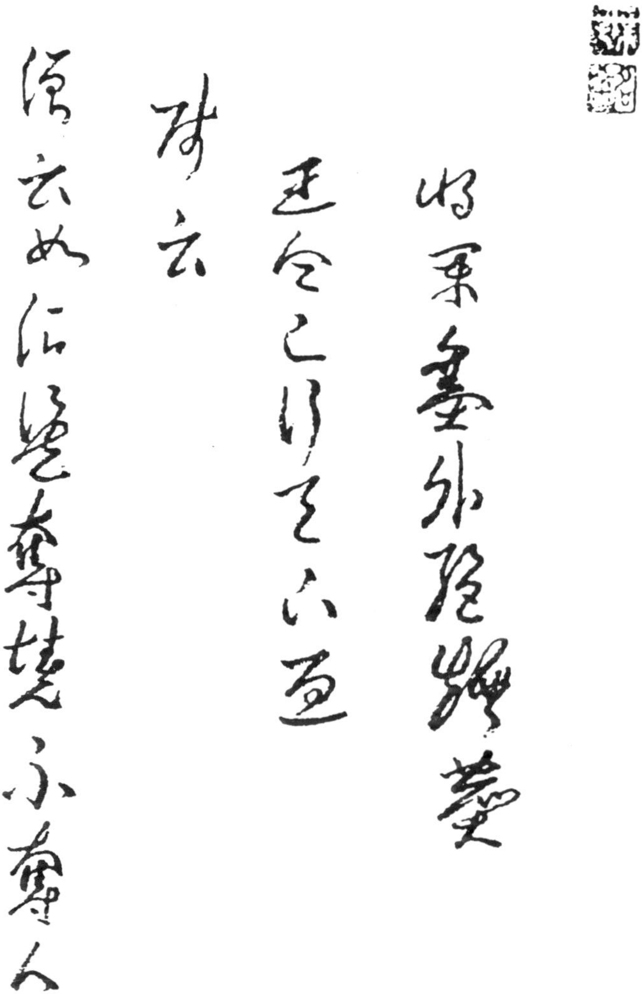


« Le moine dit :

_ Qu'est-ce que supprimer l'environnement sans supprimer l'homme ?

Le Maître dit :

_ Les ordres du Roi sont en vigueur dans le monde entier ; le général au-delà des frontières, sans fumées ni poussières. »

## Deuxième Question :

« Le moine dit :

– Qu'est-ce que supprimer l'environnement sans supprimer l'homme ?

Le Maître dit :

– Les ordres du Roi sont en vigueur dans le monde entier ; le général au-delà des frontières, sans fumées ni poussières. »

Paul Demiéville nous explique qu'il s'agit de « la position *idéaliste*, celle d'une des grandes écoles du bouddhisme indien, l'école du Vijnaptimâtra ou « rien qu'information ». Le sujet seul existe, tout n'est que pensée... »

Comprenez-vous davantage ? On a supprimé cette fois l'environnement. C'est le règne absolu de la sacro-sainte idéologie. Seule persiste, omnipotente, la pensée de l'homme. Rien ne peut vivre en dehors d'elle.

Cet homme à la pensée dictatoriale, quel est-il ? Ne serait-ce pas celui que nous connaissons bien, l'homme moderne, avide de pouvoir, de puissance, l'homme destructeur, le grand prédateur, nous-même ?

Il est vrai que l'environnement dont on ne parlait pratiquement jamais il y a quelques dizaines d'années est devenu de plus en plus encombrant, source de conflits politiques, économiques et commerciaux, générateur de

僧 le moine
云 parler
如
何 comment

是 cela
奪 supprimer

境 environnement

不 ne pas
奪 supprimer

人 homme

師 Le Maître
云 parler

王 le Roi
令 ordres
已 soi-même
行 aller
天 empire
下 accepté
遍 partout
將 général
軍 armée
塞 forteresse
外 au dehors
絕 manquer
煙 fumée
塵 poussière

scandales, contraignant à des dépenses dont on se passerait bien, enjeu de luttes d'influences, créateur de nouveaux partis politiques dont l'agressivité parfois nous surprend, mais dont la force est incontestable. Il est vrai qu'il est tentant de neutraliser tous ces problèmes externes en les réduisant peu à peu à d'insignifiants dénominateurs communs et finalement en niant leur existence, comme on le fait pour des événements historiques comme les chambres à gaz des camps nazis, parce que leur atrocité gêne certaines thèses politiques, comme on le fait aussi en minimisant officiellement les dangers des grandes industries atomiques et chimiques et leurs redoutables pouvoirs de destruction.

Pourtant, chacun de nous, individuellement est convaincu de l'importance qu'il y a à ménager notre milieu naturel. Pourtant, dès que nos intérêts matériels entrent en jeu, dès que notre profit personnel semble l'exiger, nous sommes facilement disposés à détruire plus ou moins l'environnement. Raser une forêt pour mettre à sa place des immeubles de rapport ne semble gêner aucun promoteur.

Que de fois, dans la vie courante, nous donnons en toute bonne conscience notre agrément à cette seconde proposition de Rinzaï : « supprimer l'environnement sans supprimer l'homme ».

Imaginons que l'on ait pu faire table rase de cet univers extérieur qui contrarie si fort nos desseins. Nous ne rencontrons plus aucune opposition : comme un souverain exerce sur son empire un pouvoir absolu, nous imposons partout notre volonté. Nos généraux qui veillent aux frontières ne voient du haut des tours de leurs forteresses qu'un désert sans vie. Pas le moindre mouvement, aucun Tartare à l'horizon, aucune fumée qui pourrait transmettre les signaux codés d'une opposition, pas de poussières qui décèleraient les mouvements d'armées étrangères. C'est le calme plat.

Il se trouve que, déjà sur le plan matériel, nous avons maintenant à notre disposition d'immenses moyens pour réaliser ce beau programme de destruction.

A vrai dire, cela s'est fait insensiblement, progressivement, sans idées ni déterminations vraiment délibérées, mais au fur et à mesure seulement que se manifestaient nos désirs égocentristes peu à peu considérés comme des besoins essentiels. Et comme la nature est malléable, accueillante à nos excessives exigences, indulgente à nos fausses routes, prompte à réparer nos erreurs, habile pendant longtemps à cacher les conséquences désastreuses de nos folies, fille soumise, superbe hétaïre, prostituée complaisante, courtisane aussi belle que généreuse, toujours prête à exciter nos désirs, à répondre à nos caprices, à entretenir nos phantasmes, à se plier à nos perversités, comme elle excelle à maquiller les cicatrices de nos dépravations, à répondre généreusement à nos plus cruels attentats, nous avons toujours tendance à choisir sans vergogne, dans nos comportements à son égard, les solutions les plus dévastatrices parce que nous les trouvons généralement plus faciles. Entre deux maux, nous choisissons toujours le pire.

Nous avons commencé pour étendre nos cultures à mettre le feu aux espaces vierges en dépassant largement la mesure de ce qui était nécessaire. De ces cultures sur brûlis aux défoliants de guerre modernes, ce sont seulement des questions de temps, de nécessité, d'opportunités, de circonstances, de sens moral et de techniques qui font la différence. Les cendres de nos forêts, sacrifiées aux cultures, formaient un engrais nourrissant d'où renaissait une végétation nouvelle plus luxuriante encore, mais le napalm dévastateur fait maintenant de plus profonds ravages. Là où passait le cheval d'Attila, on dit que l'herbe ne repoussait plus : nous avons fait beaucoup mieux depuis, nous détruisons les mémoires et les héritages. Plus nous avançons dans les connaissances techniques, plus nous dégradons intensivement les énergies et les esprits de la nature. Voilà que bientôt elle finit par ne plus pouvoir réparer nos outrages. Et de cet épuisement de la nature, tant est grande sa bonne volonté, tant est noble sa patience, nous nous apercevons toujours trop tard. Il nous faudrait prendre des mesures de plus en plus onéreuses qui permettraient des restaurations valables. Mais saisis par cette aberration fréquente qui consiste à supprimer les problèmes que nous ne pouvons pas résoudre, nous continuons à ravager le monde, sans accorder la moindre attention aux victimes et nos généraux aux frontières ignorent superbement leurs signes désespérés. Nous avons définitivement décidé de rayer notre environnement de nos pensées toutes puissantes. Ce n'est plus seulement une culture, une civilisation isolée que nous voulons détruire, comme nous l'avons fait si souvent dans l'histoire de l'humanité. Ce n'est plus seulement du « Delenda est Carthago » que nos Catons nouveaux concluent implicitement leurs entreprenants discours, mais du « delenda est Planeta ». Ce n'est plus seulement Carthage, mais la Terre toute entière qui risque d'être détruite, c'est tout l'environnement que l'on veut faire disparaître pour laisser le champ libre aux exigences égoïstes de nos idéologies dominantes. Certes, les débordements de l'Indus avaient affaibli la résistance des habitants de Mohen-Jo-Daro, mais ce furent les barbares du Balouchistan qui mirent fin à leur civilisation plusieurs fois millénaire, l'une des plus anciennes et des plus évoluées du monde antique si l'on en croit les restes de leurs cités que les envahisseurs ne purent totalement anéantir : à cette époque, ils n'avaient pas encore les moyens que nous sommes si fiers de posséder aujourd'hui.

« L'histoire, dit Jean Dorst, peut être décrite comme une lutte de l'espèce humaine contre son milieu et comme son affranchissement progressif vis-à-vis de la nature... L'apparition de l'homme prend alors la même signification que les grands cataclysmes décrits par les géologues, que les « révolutions » de Cuvier au cours desquelles la flore et la faune du monde entier se trouvèrent changées dans leur composition et dans leur équilibre. »

Et plus loin, il ajoute : « Intégration au sein de la biosphère, libération progressive, domination enfin, voilà les vraies étapes de l'histoire de l'homme. »*

Ajouterons-nous au programme une dernière et irrémédiable étape, une étape ultime de destruction totale ?

Déjà pour Hésiode, l'histoire de l'homme née dans la perfection accomplie de l'Age d'Or, doit s'achever, de dégradations en dégradations, après quatre étapes intermédiaires, dans les ruines tragiques de l'Age de Fer. Les mystiques Hindous et Tibétains donnent à cette période cosmique le nom de Kâli-Yuga, l'ère de destruction. Nous y sommes maintenant profondément plongés et les amateurs de précisions fixent même très exactement son début au 15 Avril 1912 de notre calendrier : c'est la date du naufrage du Titanic, premier malheur d'une suite ininterrompue de catastrophes ! Le Véda nous dit pourtant que notre déclin chaotique et désespéré n'est pas absolument inéluctable, mais qu'il dépend de nous d'en repousser l'échéance. Les signes avant-coureurs en furent d'abord la négligence dans la célébration des rites de la

---

* Jean Dorst : *La Force du Vivant*, Flammarion, 1979.

vie, donc la perte progressive du sens du sacré, puis la corruption des symboles et l'abandon des liturgies véridiques pour de nouveaux rituels caricaturaux, détournés de leur objet authentique. Nous avons déjà vu les tristes conséquences des pompeuses solennités de Nuremberg que présidaient des hiérophantes dévoyés sous leurs oriflammes frappés de signes aliénés. Nous avons déjà vu tant d'entreprises de notre temps marquées dès leur origine du sceau de la flétrissure et de la mort, sans que nous en comprenions toujours les raisons. Nous avons déjà vu tant de guerres inhumaines, tant de sacrifices barbares, tant d'hécatombes monstrueuses, tant d'holocaustes impitoyables ! Avons-nous encore besoin d'autres preuves, d'autres événements tragiques, pour comprendre enfin qu'il nous faut retrouver nos valeurs fondamentales si nous voulons avoir une chance de différer l'anéantissement final ? Car il ne s'agit pas seulement de la destruction de notre environnement physique, en cette époque terrible où nous vivons, mais de celle de notre milieu spirituel, de celle de notre milieu métaphysique, de celle de la « sphère d'action de notre connaissance » dans sa totalité resplendissante et dans la beauté merveilleuse de son unité.

Elles sont nombreuses, les idées-forces par lesquelles on justifie nos comportements agressifs, et, à la limite, la suppression d'un environnement qui ne répondrait pas comme il le doit aux désirs de suprématie de l'homme. Que l'homme en soit lui-même victime au passage, d'une manière plus ou moins directe, que les scientifiques : biologistes, généticiens, sociologues, médecins, lancent des cris d'alarme, rien n'entame la détermination des idéologues partis en guerre, enveloppés dans l'armure inviolable de leur pragmatisme acharné, au nom de l'homme-roi de l'univers, qui a tous les droits, qui peut tout se permettre, qui peut tout dévorer, qui peut tout détruire, si telle est sa volonté. Et les motivations des sectateurs de ce nouveau Moloch ne sont pas toujours l'argent ou la puissance temporelle, mais bien souvent aussi leur démarche intellectuelle elle-même prise pour un absolu.

Vers le milieu seulement de notre XXème siècle, le monde commença timidement, sous l'influence des Anglo-saxons et des Allemands, à s'intéresser à la protection de la nature. Auparavant, seuls quelques spécialistes et les poètes s'en souciaient.

Entendait-on vraiment Ronsard et son élégie contre les bûcherons de la forêt de Gastine ?

« Ecoute bûcheron, arrête un peu le bras !
Ce ne sont pas des bois que tu jettes à bas.
Ne vois-tu pas le sang, lequel dégoutte à force
Des nymphes qui vivaient dessous la rude écorce ? »

Entendait-on davantage, en dehors des cercles restreints des Sociétés Savantes, nos naturalistes qui depuis des siècles essayaient de nous intéresser aux merveilles de notre Terre ainsi qu'aux mystères de nos phylogenèses ? « Pourvu que cela ne se sache pas ! » disait cette noble dame anglaise à qui l'on voulait faire accroire que les singes pouvaient être nos cousins. Honteuses références à nos possibles héritages animaux, que de voiles pudiques se sont étendus, comme des manteaux de Noé, pour vous couvrir. Esprits des eaux, des forêts, des sources, des montagnes, faunes, nymphes, dryades, hamadryades, naïades ou néréides, que d'inquisitions vous persécutèrent dans nos religions ancestrales, pour ne vous laisser subsister que comme des vestiges abstraits à l'usage des licences poétiques. Tabous respectables, interdits indispensables longuement mûris dans l'observation et la réflexion pour préserver la vie des subsistances essentielles en exaltant leur caractère surnaturel, que de profanations imbéciles, que d'intolérances stupides ont fait définitivement disparaître les derniers garde-fous que vous représentiez, garde-fous si laborieusement établis pendant des millénaires par d'immenses générations d'hommes sages que l'on qualifiera de « sauvages » : chamanes, prêtres de la nature, mages, devins et thaumaturges ! Ainsi disparurent en presque totalité, les baleines grises, les saumons de l'Alaska, les loutres de mer, les tigres royaux, et tant d'êtres vivants protégés jusqu'alors par la vénération dont ils étaient l'objet. Longtemps retenu par un sens naturel et par l'éducation du sacré, « le prédateur-roi, bûcheron des bêtes et assassin des arbres », comme l'appelle Marguerite Yourcenar, une fois outrepassées les lois d'inviolabilité anciennes, put oublier ses responsabilités et donner libre cours à ses instincts pervers. En quelques décennies, le mal était fait, irrémédiable et le Kâli-Yuga allait pouvoir commencer son cycle infernal.

Maintenant, l'ensemble des nations développées s'intéresse plus activement à la défense de notre milieu vital. Il parait cependant qu'à l'orée du XXIème siècle, les Français sont toujours à la traîne : c'est ce que révèlent les chroniqueurs et les sondages. Les Allemands, les Néerlandais, les Danois, sont d'une grande sévérité à notre égard : « La France n'a aucune conscience écologique et freine des quatre fers dès qu'il s'agit de durcir la réglementation anti-pollution ! » Il est vrai que certains de nos constructeurs d'automobiles se refusent à équiper leurs voitures de dispositifs qui réduiraient la toxicité des gaz d'échappement mais qui pourraient réduire aussi leurs marges bénéficiaires, que les chimistes d'importantes sociétés multinationales trouvent inutile de diminuer le taux des phosphates dans les produits détergents qu'ils fabriquent parce que diminueraient aussi leurs sacro-saints profits. Or il est prouvé que les uns sont responsables en grande partie de la pollution de l'atmosphère, et les autres, de la corruption des eaux qu'on ne saura bientôt plus suffisamment épurer. Ajoutez les chlorofluorocarbones de nos bombes insecticides, le mercure des piles, les hydrocarbures qui se répandent de plus en plus souvent dans les mers et sur les côtes, les déchets industriels et les résidus radioactifs dangereux dont on ne maîtrise pas toujours l'élimination, avec toutes les conséquences qui en découlent : la destruction des couches d'ozone protectrices, l'intoxication de la faune puis des hommes qui s'en nourrissent, la transformation des saisons, l'exfoliation des forêts par les pluies acides, l'augmentation des cancers et des maladies dites « de civilisation », et tant d'autres dangers que nous n'avons pas encore fini d'inventorier.

Au village de Minamata, au Japon, en 1956, une maladie nouvelle fit son apparition : on l'appela « ïtai-ïtai », « j'ai mal-j'ai mal », car c'est la phrase lancinante que répétaient sans cesse tous ceux qui en étaient atteints. Beaucoup moururent avant que l'on ne découvrit que les poissons de la baie contenaient de fortes quantités de mercure rejetées sans précaution à la mer par une industrie locale. S'ensuivit une longue série de procès, des contestations à n'en plus finir, puis des indemnités substantielles qui ne firent pas revivre les morts et ne rétablirent pas les santés délabrées. Le directeur de l'usine coupable fit de solennelles excuses aux habitants du village et jura que cela ne se reproduirait plus. Mais depuis, que de maladies « ïtai-ïtai », portant d'autres noms dans d'autres idiomes, provoquées par de semblables négligences criminelles, par un même mépris de l'homme et de son environnement ne se sont-elles pas déclarées ?

Le journal allemand *Der Spiegel* parle en termes très durs de la politique de l'environnement du gouvernement français de 1990 à propos de ce village de six mille habitants en Saône et Loire transformé en décharge de produits toxiques, l'une des plus importantes de l'Europe, des milliers de fûts contenant des déchets dangereux : « Pendant dix ans, écrit-il, toute protestation de la population est restée sans réponse. Il était sans doute plus amusant de se moquer de la psychose allemande face aux pluies acides et au nucléaire... » D'autres titres dans d'autres journaux ? « L'industrie tricolore boude le vert ». « A de rares exceptions près, peut-on lire, la stratégie d'environnement n'est pas du tout intégrée dans les directions des entreprises françaises... » « 100% des firmes belges, 80% des danoises, 85 % des allemandes et même 45% des britanniques possèdent un plan à long terme pour améliorer leurs performances écologiques, mais aucune des sociétés françaises interrogées n'envisage de modifier ses produits pour les rendre plus respectueux de l'environnement » (*Le Point*, 12 Mars 1990). Les Allemands, pendant ce temps, ont créé, le génie spécifique de leur langue aidant, un mot spécial : *umweltfreundlich* pour leurs marchandises « amies de l'environnement » ! Il serait injuste, cependant, de penser que la France, dans cette fuite éperdue devant nos responsabilités soit seule en cause. Lorsqu'en 1977, en mer du Nord, une plateforme de forage accidentée laissa se déverser des tonnes de pétrole brut, prélude à tant d'autres catastrophes ultérieures du même genre, notre Académie des Sciences formula au contraire très officiellement le voeu que des précautions soient désormais prises pour l'exploitation du pétrole en haute mer. Or, les compagnies pétrolières multinationales qui étaient concernées ne montrèrent aucun souci pour l'équilibre écologique de la mer du Nord qu'elles menaçaient dangereusement, pas plus que pour l'avenir des pêcheries si importantes dans ces régions. Les seules conséquences qui leurs parurent dignes d'intérêt furent les coûts des nouvelles mesures de sécurité qu'on allait leur imposer, les indemnités qu'elles allaient devoir payer et donc, seulement, la diminution de leurs bénéfices qui en résulterait.

Il faut heureusement reconnaître que, cependant, sous la pression de leurs électeurs « verts » de plus en plus nombreux et de plus en plus influents, les politiques commencent à prendre conscience de l'existence d'un environnement qu'il devient urgent de protéger des pollutions. Mieux même, de nouvelles industries apparaissent pour mettre au point des matières plastiques biodégradables, c'est-à-dire naturellement résorbables. J'ai utilisé ainsi, depuis plusieurs années, en micro-chirurgie de l'oeil, des fils de suture à base de sucre, qui sont assimilés par les tissus vivants en quelques semaines et dont il devient donc inutile de procéder à l'ablation une fois les plaies cicatrisées. Avec du sucre, mais aussi avec du blé, du maïs, du soja ou des algues rouges, les italiens, les américains, les japonais, les belges sont maintenant presque en mesure de fabriquer ces objets jetables après une seule utilisation, qui ont apporté un certain confort à notre époque, mais qui sont aussi un signe de notre société de gaspillage et qui s'accumulent de si laide manière aux abords de nos zones d'habitation. Désormais, renfermant 60 % d'amidons naturels, ces objets de première nécessité : sacs, couches, rasoirs jetables, vaisselle pour pique-nique, stylos, automobiles (!), emballages de tous ordres, deviendront comestibles, en un temps plus ou moins long, pour les bactéries, les champignons, les insectes, les rongeurs. Mais le problème du gaspillage ne sera pas résolu pour autant et les écologistes craignent que ces nouvelles matières, puisqu'elles sont facilement dégradables ne soient pas recyclables.

Les atteintes plus ou moins passives à la pureté de nos environnements peuvent dans certains cas devenir beaucoup plus actives, plus cruelles et s'attaquer à des êtres vivants tout de grâce et de beauté. On a beaucoup parlé des bébés-phoques, des baleines, des félins en voie de disparition, dont le sang innocent formait des taches rouges insupportables sur la glace des banquises, à la surface des océans arctiques, sur la neige des forêts sibériennes et sur les consciences des âmes pures. Certains pouvaient s'absoudre à peu de frais en pensant qu'ils s'agissait là de pays lointains et presque inaccessibles, d'êtres vivants qui nous sont peu familiers. Prenons alors d'autres exemples. Cette fois, l'un des pays les plus beaux et les plus importants du monde et l'un des animaux les plus élégants et les plus anciennement familiers de l'homme sont concernés : les Etats-Unis d'Amérique et le cheval, les deux plus nobles conquêtes de l'homme !

Dans l'état du Nevada, superbe, immense : la Vallée des Antilopes, au crépuscule. Un petit lac, seul point d'eau à des kilomètres à la ronde. Des mustangs, chevaux sauvages, crinière au vent, gracieux descendants de ceux qui furent amenés par les conquistadors espagnols du XVIème siècle viennent boire. Quelques hommes sont là, embusqués au tournant d'une piste. Sans même descendre de voiture, ils visent et tirent. En quelques minutes, vingt-huit bêtes sont massacrées : elles agoniseront de longues heures. C'est un jour comme les autres, dans le comté de Pershing, Nevada. Les mustangs sauvages, « l'un des ultimes trésors de l'Ouest américain sont en passe de subir le sort des bisons... » dit, la mort dans l'âme, Brian McKenzie, de la Nevada Human Society. Leur espèce, pourtant, est protégée par toutes les lois possibles. Cela n'empêche pas leurs ossements de blanchir, toujours en plus grand nombre sur les collines, dans les ravins, au détour des chemins, en tous lieux propices aux tueries préméditées. Ils étaient encore un million dans les années cinquante, ils ne sont plus maintenant que vingt-sept mille. Quel est leur crime ? Brouter 8 % de l'herbe. C'est évidemment inadmissible pour les gens du pays et pour leurs cinq cent mille têtes de bétail domestique qui ont pourtant très largement de quoi satisfaire leurs appétits, dans ces immenses pâturages. Leur bilan pour l'été 1989 : cinq cent vingt-sept mustangs assassinés. L'impunité est presque certaine, les sentences, lorsqu'on peut avoir des preuves, sont d'une mollesse écoeurante. Et si l'Etat cherche à prendre des mesures de sauvegarde, c'est un désastre pire encore. On a voulu transférer d'un Etat à un autre deux mille chevaux, afin qu'ils soient un peu plus à l'abri des massacres. Impossible de les conduire vers les camions qui les attendaient. Affolés par les hélicoptères, ils ont galopé en tous sens pendant des heures, affamés, déshydratés par une chaleur torride, pour finir empalés sur les clôtures que l'on avait dressées pour les canaliser. Les derniers mustangs du Nevada vivent dans la terreur de l'homme.

Même les bébés humains se retrouvent sur les listes déjà trop longues de ces victimes innocentes des pollutions actives dans nos sociétés modernes. On a condamné de jeunes mères coupables d'avoir donné naissance à des enfants gravement intoxiqués par la cocaïne ou par l'alcool dont elles abusaient pendant leur grossesse. Il y a des années que de sérieuses revues médicales publient des articles sur l'alcoolisme acquis du nourrisson : des cas de mort, des cas de cirrhose du foie irrémédiables. Dans les campagnes, l'intoxication se fait par ingestion : une cuillerée à soupe de Pernod pur ou de Calvados pour « tuer le ver », par exemple ; dans les villes, elle est moins brutale, elle se fait par imbibition à travers la peau : les frictions biquotidiennes à l'eau de Cologne, pour que bébé soit bien propre et parfumé !

Parfois, pourtant, les interventions humaines peuvent sembler plus efficaces et plus intelligentes. Une mouche redoutable qui répond au nom aussi barbare que ses moeurs, de *cochliomia hominivorax*, la mangeuse d'hommes, pond ses oeufs par la moindre petite égratignure sous la peau des moutons, des chèvres, des boeufs, des vaches, des chameaux, des ânes, des chiens et même des humains. Quelques heures plus tard, les oeufs éclosent et les larves commencent à dévorer les chairs. Une semaine encore et l'hôte complètement épuisé commence à dépérir. Puis il meurt. C'est ainsi que la Lybie, plusieurs pays d'Afrique du Sud et d'Amérique Centrale sont en train de perdre leurs troupeaux. Les insecticides ordinaires ne donnent que de piètres résultats. On a donc eu l'idée de lâcher sur les régions infestées des mouches mâles élevées au Mexique et stérilisées par une exposition au cobalt radio-actif. On espère, par cette castration biologique, faire disparaître en douceur ces terribles dévoreuses.

Ne risque-t-on pas, cependant, en empêchant les actions des sélections naturelles, de rompre des équilibres écologiques marginaux et délicats, toujours à la limite de la rupture ? Ne risque-t-on pas, avec la meilleure bonne volonté du monde de continuer à faire progresser les désertifications ? Au cours de ces cinquante dernières années, six cent cinquante mille kilomètres carrés de déserts nouveaux sont apparus. Et pourtant, les gouvernements des pays riches, les institutions caritatives ont tout fait pour venir en aide aux pays déshérités : on a creusé des puits, on a vacciné les animaux. On a voulu sédentariser les nomades. Or, que s'est-il passé ? Trop d'animaux autour de trop de puits ont ruiné les maigres pâturages qui restaient. Trop d'habitants ont brûlé pour leurs besoins domestiques le peu de bois qui était leur seule source d'énergie. Et le désert s'est installé, et il s'est étendu, et il continue à d'étendre. Et l'environnement continue à être détruit, même par les idéologies les plus généreuses. Paraphrasant le grand-prêtre Laocoon face au cheval de Troie, les habitants de ces contrées seraient en droit de dire eux-aussi : « Craignons les étrangers, même lorsqu'ils nous font des présents ! »

Il semble bien que les inquiétudes du Commandant Cousteau ne soient pas vaines. Au VIIIème siècle, l'extraordinaire civilisation des Mayas a disparu, selon C. Whyte Cooke à cause d'une augmentation trop importante de la population et d'erreurs dans la préservation du milieu. Au XIIIème siècle, la puissante civilisation Khmère a disparu, victime aussi de son gigantisme, et malgré le génie de ses systèmes hydrauliques qui ne suffisaient plus à ses besoins toujours accrus.

Le Commandant Cousteau nous dit – et il a mille fois raison – que la France doit présenter aux Nations Unies une « Déclaration des Droits des Générations Futures » pour compléter la Déclaration des Droits de l'Homme et pour préciser nos devoirs. Mais les gouvernements semblent montrer peu d'empressement à le suivre et le Président de la République lui a fait répondre « qu'il a autre chose en tête » ! Il ne reste plus au Commandant qu'à réunir sur une pétition des millions de signatures pour lui forcer la main. naturellement, je signe avec enthousiasme !

Sur le plan pratique, il préconise dans les pays dits « en développement », mais qu'il appelle, lui, « en voie de faillite totale », des mesures d'urgence, et, d'abord, une meilleure distribution de l'eau qui libérera les petites filles de leurs tâches habituelles de norias domestiques, permettra de les envoyer à l'école et leur évitera de devenir inéluctablement, « à 13 ou à 14 ans, des poules pondeuses ». Ainsi sera modifiée dans le bon sens la chaîne écologique et diminué la trop forte natalité.

Surtout, le Commandant Cousteau met toute son énergie qui est considérable, dans l'éducation de la jeunesse, première concernée par la sauvegarde de l'environnement. Les jeunes à qui il s'adresse ne sont pas des enfants mythiques « aux longs cheveux blancs pendants comme fils de soie », mais ceux, en chair et en os, qui devront assurer la survie de notre monde et assumer les tâches difficiles de la préservation de leur milieu vital. « Le monde sera sauvé par les enfants, dit-il, à condition qu'on les respecte et qu'on les éduque... dans la compréhension *globale* de la nature... ». Et plus loin : « ...trois verbes : connaître, aimer, protéger. Connaître pour aimer, aimer pour protéger... Plus tôt les êtres sont orientés vers l'Unité du monde et l'Unité de la vie, plus tôt le respect de ces deux valeurs est ancré dans leur coeur. »

Ainsi parle l'un de nos derniers prophètes.

Hélas, l'homme se refuse à modérer ses exigences. Même s'il n'affiche pas toujours une hostilité délibérée, il se montre d'une désinvolture coupable dans ses rapports avec son milieu vital. Il ne sait jamais reconnaître les signes désespérés que lui adresse la nature. Ni fumées, ni poussières ! Ce qui importe avant tout au Roi-Prédateur, c'est que ses ordres de mort soient exécutés dans le monde entier !

Mais les dommages qu'il fait subir à son milieu physique ne sont que la face émergée de l'iceberg. Bien plus graves encore sont les pollutions et les gaspillages d'énergies intellectuelles, mentales, spirituelles, métaphysiques. Elles sont moins visibles, mais beaucoup plus insidieuses.

J'ai connu, autrefois, un diplomate de carrière. Il nous initiait au langage des ambassades. Il était capable de parler pendant des heures, une langue fleurie, où les imparfaits du subjonctif ne manquaient jamais, avec des envolées superbes, des périodes magistrales, des citations latines judicieusement choisies, des métaphores hardies, des prosopopées véhémentes, des éloges délicats, des harangues enflammées, et, finalement, lorsque s'était tu ce flot d'éloquence qui nous avait laissés pantois, nous étions parfaitement incapables de savoir ce qu'il avait voulu dire. Nous restions là, comme enivrés, pleins d'admiration pour la beauté de notre langue si parfaitement maniée, mais quelque chose manquait, le plus important, *le sens*. Nous avions envie de dire comme Virgile :

« Claudite jam rivos pueri, sat prata biberunt... »
« Fermez les vannes, esclaves, les prés ont assez bu ! »

Ou plus simplement, dans le langage qui était le nôtre à cette époque : « Fermez-là ! ». Et nous évoquions cette pensée profonde que Pierre Dac attribuait à La Rochefoucauld : « Parler pour ne rien dire ou ne rien dire pour parler sont les deux principes majeurs de tous ceux qui feraient mieux de la fermer avant de l'ouvrir. » Il était orfèvre en la matière, lui qui avait composé un discours à prononcer n'importe où, en n'importe quelle circonstance et dont nous savions par coeur la péroraison : « ... Gloire à ceux qui ont forgé silencieusement mais efficacement le fier levain qui, après-demain au plus tard, fera germer le grain fécond du ciment victorieux, au sein duquel, enfin, sera ficelée, entre les deux mamelles de l'harmonie universelle, la prestigieuse clé de voûte qui ouvrira à deux battants la porte cochère d'un avenir meilleur sur le péristyle d'un monde nouveau ! »

Ce qui n'était, pour nous, qu'un divertissement de bon aloi se révèle pour d'autres, un instrument de gouvernement. C'est évidemment plus grave. Que de débats parlementaires, que de discours politiques, que de conférences, que de palabres, que de conversations sont volontairement emplis de ces tirades creuses, sans la moindre signification, et dont le seul but est de mettre en valeur un orateur dépourvu d'intelligence profonde, ou de faire passer, par la lassitude, des lois inapplicables et parfois scélérates. On appelle maintenant ce genre de propos, la « langue de bois », c'est une maladie fréquente et contagieuse, qui affecte principalement les politiques. C'est une forme de pollution intellectuelle de plus en plus répandue. Elle est d'autant plus redoutable qu'elle fait longtemps illusion et qu'elle abuse les bonnes âmes sans défense.

Tout cela n'est pas nouveau. Aux Indes, il y a des millénaires, ce même genre de maladie sévissait déjà dans les controverses théologiques des brahmanes. Et le bouddhisme naissant n'en sera pas épargné, mais les écritures pâli nous disent que le Bouddha savait toujours en quelques phrases, montrer à ses questionneurs que leurs paroles n'étaient souvent que songe-creux et propos sans signification. Il enseignait au contraire « qu'il existe pour chaque idée une manière déterminée de la connaître et de l'exprimer et qu'il n'en existe qu'une : cette forme même, le penseur ne la crée pas, il la retrouve ». Cela n'allait pas empêcher ses disciples futurs d'assommer leurs auditeurs par des énumérations fastidieuses. Exemple d'un sermon :

« Qui a cent sortes d'amours a cent sortes de douleurs. Qui a quatre-vingt-dix-neuf sortes d'amours a quatre-vingt-dix-neuf sortes de douleurs... » et ainsi de suite pour tous les nombres jusqu'à la conclusion : « ...Qui a un amour a une douleur. Qui n'a pas d'amour n'a pas de douleur. »

Dans l'Athènes du Vème siècle avant l'ère chrétienne, nous savons que Périclès discutait à perte de vue, des journées entières, pour le plaisir, avec Protagoras le sophiste, sur des problèmes mineurs de jurisprudence : les responsabilités d'un accident sportif, par exemple, celles de l'entraîneur, de la victime ou de son adversaire, toutes d'autant plus intéressantes qu'elles étaient contradictoires et fluides. Même si comme le dit Jacqueline de Romilly, des interlocuteurs d'une telle qualité savaient par moment s'élever au-delà des mots et de l'insignifiance de leurs sujets, il y avait autour d'eux des armées de rhéteurs anonymes qui enseignaient à leurs jeunes élèves l'art de concocter des discours brillants, mais parfaitement creux, et des légions de sophistes académiques qui développaient à l'infini des thèmes totalement oiseux. Le grand art consistait, dans un même traité à défendre successivement une proposition et son contraire. A chaque argument, il fallait trouver son contre-argument. C'était devenu un véritable sport. Où était la vérité là-dedans ? En fait, on s'en souciait peu, seule comptait l'éloquence. Un personnage d'Euripide affirme : « Sur tout sujet, on pourrait établir un débat de discours doubles pourvu que l'on soit habile à parler ».

Le Japon Médiéval vit fleurir sur les marchés des villes, dans les foires des campagnes, des personnages hauts en couleurs, semblables à nos marchands d'orviétan, qui étaient capables, grâce à leurs boniments, de vendre n'importe quoi aux badauds qui s'assemblaient autour d'eux. Leur corporation très estimée était celle des « gama no abura uri », « les vendeurs d'huile de crapaud » !

蟇の油売

Car telle était la substance dégoûtante dont ils faisaient leur principal commerce.

Il faut bien reconnaître que pour parvenir à vendre une telle denrée, même si elle était alors considérée comme un médicament efficace, il leur fallait avoir un solide pouvoir de persuasion.

J'ai interrogé, à leur sujet, aussi, mon ami, l'érudit diplomate japonais. Il m'apprend que cette corporation existe toujours dans le Japon ultra-moderne du XXème siècle :

« ... Les vendeurs d'huile de crapaud ont atteint une telle perfection de l'éloquence et du geste, m'écrit-il, qu'ils attirent la foule encore aujourd'hui, mais comme amuseurs publics et pas du tout parce que l'on veut acheter ce produit dont l'effet thérapeutique est tout à fait douteux ! C'est d'ailleurs parfaitement illégal, maintenant au Japon, de vendre un médicament pareil dans la rue. Mais il y a beaucoup d'artistes amateurs qui refont les boniments et les gestes de ces charlatans pour amuser leurs amis à la fin des banquets ou des repas de fête... »

En notre Moyen-Age du XIème siècle, le règne de la très haute et très puissante scolastique fut peut-être, dans l'enseignement de la philosophie et de la théologie, l'héritage des sophistes. Diderot nous révèle avec une certaine commisération sophistiquée qu'elle était « ... moins une philosophie particulière qu'une méthode d'argumentation syllogistique sèche et serrée, sous laquelle on a réduit l'aristotélicisme fourré de cent questions puériles ». A Byzance, on disputera avec acharnement du sexe des anges, ou d'autres questions « théologiques » aussi stupides, à tel point que le mot « byzantinisme » restera comme le caractère essentiel d'un monde où « les querelles sur des objets futiles occupent ou divisent les esprits, pendant que les dangers extérieurs sont menaçants... »

« Le byzantinisme, disait le Cardinal Baudrillart, reste l'écueil des civilisations arrivées à un certain degré d'avancement... Dans l'ordre intellectuel, il signifie subtilité maladive ; dans l'ordre moral, dépravation réfléchie et raffinée ; quant au luxe enfin, corruption du luxe lui-même par les mauvaises moeurs, et des arts par un faste outré... »

Le Cardinal vivait encore dans une ère de prospérité, avant que ne se soit installé le Kâli-Yuga destructeur, bien qu'avec la révolution Française, les guerres Napoléoniennes et celle de 1870, des signes avant-coureurs s'en soient déjà manifestés. Il emploie cependant avec une telle précision et si longtemps à l'avance, pour caractériser ce que beaucoup considéraient et considèrent encore comme des jeux d'esprit sans importance, des mots redoutables : maladie, dépravation, corruption, outrances... Même s'il les complète par des qualificatifs que dans un autre contexte on pourrait considérer comme élogieux : subtilité, réfléchie et raffinée, luxe, faste... il n'en reste pas moins que leur assemblage : subtilité maladive, dépravation réfléchie et raffinée, luxe corrompu, faste outré... exprime parfaitement la réalité du spectacle auquel nous sommes constamment confrontés. Dans le lit des idéologies toutes puissantes s'étalent les accouplements pervers de vérités partielles et de mensonges camouflés, les copulations équivoques des vices et des vertus, la fornication permanente des valeurs immuables détournées de leurs réalités et les aberrations les plus insoutenables présentées comme dogmes établis.

Car la duplicité, les tromperies, les combinaisons, les mensonges, les mystifications, les fourberies, les impostures, les fraudes, les faux-semblants érigés en modes de gouvernement aboutissent aussi, finalement, à la destruction par l'homme-prédateur, qu'il soit politique, intellectuel, philosophe, de son environnement spirituel, c'est-à-dire à la destruction des idées et des pensées des autres, de leurs projets, de leurs réalisations, de leurs aspirations, sans examen et sans considération. Un ego absolu se dresse là pour réaliser sur le plan de l'intelligence et de l'esprit, la seconde proposition de Rinzaï, le programme que l'on dit *idéaliste* : garder l'homme et supprimer l'environnement. Supprimer les autres pour se servir soi-même. Idéologie, que de crimes furent commis en ton nom ! Que de goulags sordides, que d'asiles psychiatriques abusifs, que de morts anonymes, que de ruines, que de cendres, que d'ossements blanchis jalonnent les routes exécrables de vos intransigeances assassines ! Paroles et idées prédatrices font plus de mal encore à notre univers que tous les chlorofluorocarbones, hydrocarbures et déchets radio-actifs que nous ne savons pas contrôler. Si seulement les hommes de bonne volonté, nombreux de par le monde, qui se montrent sensibles à nos dégradations physiques appliquaient un peu de leur énergie à la défense de nos environnements spirituels, nous pourrions espérer différer et peut-être même empêcher l'échéance tragique qui nous menace.

Car nous ne devons pas nous leurrer. La « langue de bois », les petites phrases perfides, les lâchetés complices, l'imprécision des options, l'équivoque des mots, les jeux d'écritures comme de langages, les sincérités successives, les acrobaties dialectiques, les engagements sans lendemain, les promesses non tenues, les arguments fallacieux, les oublis volontaires, les fleurs de rhétorique vénéneuse, les sophismes vicieux, les byzantinismes insouciants, sont des armes terribles qui préparent insidieusement d'épouvantables catastrophes aux générations futures.

Elles sont l'avant-garde sournoise de cette arme plus destructrice encore, qui peut faire table rase de n'importe quel environnement. On lui a trouvé un nom qui n'est pas encore français mais qui le deviendra : c'est la « désinformation ». Rien n'est à l'abri de ses tentacules.

Sous Staline, naquit une biologie officielle qui se voulait à l'opposé des théories chromosomiques de l'occident bourgeois dont nous savons qu'elles ont donné naissance à la génétique moderne la plus incontestée et qui prétendait lutter contre les déviations « fascistes, trotskystes et boukharinistes » de la science telle qu'on l'avait enseignée jusque là. Lyssenko, officiellement soutenu par le parti tout puissant mit en oeuvre ses théories personnelles, ce qui valut à l'agriculture soviétique soumise à des options aberrantes et souvent ubuesque, un retard catastrophique dont elle ne s'est pas encore remise. Il n'est pas exclu que le but secret des gouvernements soviétiques de l'époque ait été, sachant bien les conséquences possibles de telles prises de positions scientifiquement indéfendables, de réduire par la misère où elles les contraignaient, les oppositions paysannes au régime communiste stalinien.

Ce qui accroit la gravité de ces intoxications des esprits et des mentalités dont on pourrait citer de très nombreux exemples, c'est qu'elles impliquent la complicité secrète des gouvernements, des partis politiques, des groupes d'influence, des « penseurs » engagés et surtout des moyens médiatiques puissants : presse, radios, télévisions souvent eux-mêmes intoxiqués. Le bruit courut, il y a quelques années, qu'un trafic monstrueux sévissait aux Etats Unis. Malgré l'invraisemblance des faits, l'absence de preuves, il y eut de nombreux articles dans les journaux, des reportages télévisés, des témoignages qui semblaient véridiques. Des bébés auraient été achetés à des pays pauvres d'Amérique centrale, envoyés clandestinement dans des cliniques des Etats Unis où l'on prélevait leurs organes pour les greffer à des enfants riches. On montrait une petite fille avec un énorme pansement dont l'oeil aurait été énucléé pour servir à une greffe de cornée. On parlait aussi de prélèvements sur les bébés vivants de coeurs, de poumons, de foies. L'abomination absolue ! Longtemps après, une enquête sérieuse parvint à démontrer que les services secrets soviétiques étaient à l'origine de cette campagne à laquelle les spécialistes de l'information s'étaient allégrement laissés prendre. Et malgré tous les démentis officiels qui ont pu être donnés, j'ai entendu récemment encore, rapporter ces faits comme authentiques.

A l'opposé, les thèses dites « révisionnistes » qui veulent démontrer que les chambres à gaz des camps de concentration de la seconde guerre mondiale n'ont jamais existé, malgré les preuves et les témoignages les plus formels, sont d'autres exemples de « désinformation », à l'appui d'une idéologie néo-nazie. Elles n'ont eu que très peu le soutien des institutions officielles et des moyens médiatiques, parce qu'elles vont à contre-courant de nos idées politiques actuelles. Mais que dire alors de ces célébrations à grand frais du bicentenaire de la révolution française où l'on jette un voile pudique sur tous les aspects négatifs, les massacres, les répressions sanglantes, les destructions inutiles.

Hélas, il est un autre plan, un autre domaine de notre environnement que notre délire de destruction voudrait aussi menacer. Parce que nous sommes retenus par des craintes injustifiées, par des pudeurs irraisonnées, par des inhibitions sans fondement, par des ignorances impardonnables, mis à part quelques rares spécialistes, nous n'en parlons presque jamais. Il s'agit de notre environnement métaphysique, qui est à la fois en nous et autour de nous, à l'image de l'unité à laquelle nous sommes conviés, il s'agit du milieu vital dans lequel nous baignons, qui constitue notre nature la plus essentielle et que nous voulons, la plupart du temps, délibérément ignorer, il s'agit de cette petite étincelle de l'âme que Maître Eckhart appelait « das Fünkelin der Sêle » et qui nous relie en permanence à la grande lumière divine.

Il faut dire que ceux qui par vocation, par tradition et par éducation, devraient avoir la charge de nous montrer la voie à ce niveau, traversent eux-mêmes une crise sans précédent dans l'histoire de l'humanité. Partout, dans toutes les religions, s'opposent des intégrismes excessifs et des laxismes coupables qui donnent souvent naissance à des guerres impitoyables. Partout se détournent pour des motifs secondaires, des volontés qui paraissent solidement enracinées. Partout des excès ou des négligences dissuadent les pratiquants les plus fidèles. Souvent des prosélytismes débridés donnent des images fausses et caricaturales des spiritualités les plus belles. Parfois, sous prétexte de retour aux sources, on rétablit des anachronismes dangereux, ou bien au contraire, pour moderniser inconsidérément, on détruit des valeurs traditionnelles. Et il vient un moment où tout le monde se détourne de ces luttes stériles. Il vient un moment où l'on se désintéresse de ces hautes sphères de la pensée qui semblent inaccessibles parce que manquent à leur devoir ceux qui devraient indiquer les chemins et jalonner les parcours.

Il faut dire aussi que notre époque, toute dirigée vers les réussites matérielles dont on exalte les exemples, nourrie de slogans très peu évangéliques, avide de bien-être, constamment sollicitée par les recettes de bénéfices faciles, marquée par l'esprit de profit, ne s'intéresse que peu, dans son ensemble, sauf si elle se trouve directement concernée par un malheur brutal, à cette dimension métaphysique qui forme pourtant la texture et la raison d'être de la « sphère d'action de notre connaissance ».

On commence pourtant à percevoir, surtout chez les jeunes, une grande recherche de spiritualité, ou tout au moins un grand désir de découvrir une autre manière de vivre. La demande est souvent maladroite, et les réponses contradictoires. Il arrive que cette quête aboutisse aussi à des solutions de désespoir, au mal de vivre, à des déséquilibres graves, qui font le jeu des sectes nouvelles, voire même des « églises » d'inspiration satanique. Elle fait plus souvent la fortune de groupes musicaux d'avant-garde qui rassemblent des foules pour des « grand'messes du rock » gigantesques. Certaines de ces musiques sont belles, pleines d'inspiration, d'autres font appel, hélas, à des pulsions animales difficiles à contrôler et déchaînent des crises d'hystérie collective qui aggravent encore les déséquilibres et la destruction.

Mais partout aussi dans le monde se manifestent les signes précurseurs de ce XXIème siècle qui, selon Malraux, sera religieux ou ne sera pas. Les ordres monastiques les plus sévères voient affluer à nouveau les vocations, les chemins de Compostelle retrouvent leurs pèlerins, les pays communistes longtemps persécutés ont gardé leurs ferveurs religieuses et leurs pratiques, en Russie, en Chine, au Viet-Nâm, même au Cambodge, malgré les génocides. Saint François de Sales prédisait que nous allions assister un jour à ce qu'il appelait la « decatenatio sanctorum ». On peut traduire de deux manières : la délivrance des saints ou le déchaînement de la sainteté. Peut-être que ce sera là justement l'événement providentiel qui nous permettra d'éviter l'échéance terrible de la Kâli-Yuga, l'Ere de Destruction et l'anéantissement de l'environnement par l'homme, ou pire encore, l'anéantissement total de l'homme et de l'environnement, qui forme justement la troisième proposition de Rinzaï.

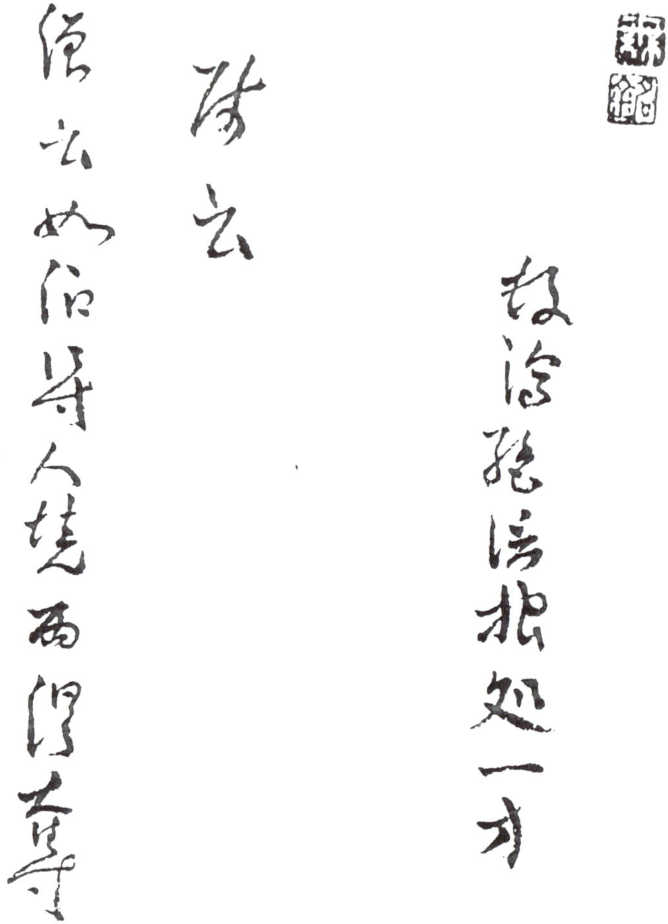

« Le moine dit :

– Qu'est-ce que supprimer à la fois l'homme et l'environnement ?

Le Maître dit :

– Ping et Feng (les préfectures lointaines), coupées de toutes nouvelles ; elles sont isolées dans toutes les directions. »

## Troisième Question :

« Le moine dit :

_ Qu'est-ce que supprimer à la fois l'homme et l'environnement ?

Le Maître dit :

_ Ping et Feng (les préfectures lointaines), coupées de toutes nouvelles ; elles sont isolées dans toutes les directions. »

« C'est, dit Paul Demiéville, l'anéantissement de toute perception, de toute pensée, dans les états de recueillement profond où s'abolissent aussi bien la connaissance du monde extérieur que la conscience interne de la personne : il n'y a plus conscience ni même inconscience (naivasamjnâmjnâ) ; c'est « la cime de l'existence » (bhavâgra), « le fin bout de l'être » (bhûta-koti). Dans cet état de recueillement suprême, ... on se trouve isolé de tout... »

Oui, c'est bien l'isolement total, la fin de tout, le *nihilisme* intégral. Pour certains, mais pas pour nous, ce serait « le point le plus haut auquel on puisse atteindre dans la série des échelons du Dhyâna, la méditation hindoue... » L'extinction de tout, le rien au sens négatif.

| | | | |
|---|---|---|---|
| 僧 | le moine | 師 | le Maître |
| 云 | parler | 云 | parler |
| 如何 | comment | 并 | Ping |
| 是 | cela | 汾 | Feng |
| 人 | homme | 絕 | couper |
| 境 | environnement | 信 | nouvelles |
| 兩 | les deux | 獨 | isolé |
| 俱 | ensemble | 處一 | lieu, solitude |
| 奪 | supprimer | 方 | directions |

Ping et Feng étaient vraiment des préfectures lointaines, dans la province actuelle du Chan-si, donc à une grande distance des centres administratifs de la Chine de l'époque. Ce n'était pourtant pas très loin du gué sur la rivière Hou-t'o où se trouvait le temple de Rinzaï situé lui-même, comme nous l'avons vu, dans une région très périphérique. Des rébellions de seigneurs de la guerre et de potentats locaux, des fonctionnaires chinois qui n'étaient pas chinois mais souvent mongols, tartares, ouïgours et qui géraient leurs territoires en complète autonomie, se souciant peu de l'autorité impériale, aggravaient l'isolement.

Il est des lieux mornes d'où rien ne vient, où rien n'arrive. Il est des hommes secs qui ne veulent rien donner et qui ne veulent rien recevoir. Il est des intelligences atrophiées qui ne s'appliquent à rien et qui ne servent à rien. Il est des esprits arides qui n'acceptent aucune lumière et qui ne transmettent pas le moindre rayonnement. Il est des âmes stériles que n'impressionne aucune transcendance et qui ne donnent jamais le moindre signe de vie intérieure. Que de Ping et que de Feng en nous et autour de nous, loin de nous, près de nous, isolées dans toutes les directions !

L'environnement physique, l'homme physique, rien de plus facile, de nos jours que de les supprimer tous les deux ensemble. Nous avons déjà fait des tentatives. Nos guerres, vues avec le recul du temps, pourraient paraître, si elles n'avaient pas eu de si tragiques conséquences, comme de timides petits essais locaux menés avec plus ou moins de technicité, avec plus ou moins d'ampleur, avec plus ou moins d'organisation, avec plus ou moins de réussite, avec plus ou moins de risques d'extension. Et pour la plupart de ceux qui ne les ont pas connues, ce sont des histoires du passé qui ne méritent pas qu'on les rappelle. « Hitler, connais-pas ! », « Hiroshima, qu'est-ce que c'est ? », « Le Vietnam, le Cambodge, les défoliants, les génocides, les gaz de combat, interdit d'en parler ! ».

Le plus grand danger d'un anéantissement total et simultané de l'homme et de la planète, on croit surtout le trouver, maintenant, dans l'utilisation dite « pacifique » des énergies nouvelles tirées de l'atome. Nous ne savons pas encore bien les maîtriser, ces considérables puissances de la fission nucléaire. On nous affirme pourtant qu'elles nous sont indispensables, car elles viennent à point pour relayer les anciens combustibles fossiles qui s'épuisent. Cependant, certains savants (Hubert Reeves entre autres) osent dire que nous pourrions très bien nous en passer et travailler plus que nous ne l'avons fait sur d'autres possibilités comme l'énergie solaire, les systèmes dits de co-génération, et surtout mieux étudier les problèmes d'économies d'énergie. Il est, de toutes manières absolument impensable de vouloir multiplier les centrales nucléaires de type sur-générateur, comme celui « construit en 1974 à Creys-Malleville, qui a coûté 27 milliards de Francs, n'a jamais fonctionné et ne présente aucun intérêt industriel ou économique » - tels sont les termes réprobateurs qu'emploie un grand hebdomadaire français.

Ne conviendrait-il pas en tous cas, dans l'état actuel des choses, de s'intéresser davantage à l'éducation technique, mentale, morale et spirituelle des hommes appelés à mettre en oeuvre ces techniques encore mal dominées et d'apporter une rigueur accrue au choix et à la formation des responsables chargés de décider et de contrôler les conditions de sécurité de leurs installations ? Ne conviendrait-il pas de ne plus continuer à minimiser les risques, à occulter les accidents, à persifler les craintes légitimes ? A plusieurs reprises déjà, nous ne sommes pas passés bien loin de la grande et irrémédiable catastrophe. Et chaque fois, il y avait à l'origine des négligences, des incompétences, des insuffisances, voire même des stupidités incroyables, en bref, ce que l'on appelle le « facteur humain » !

Si l'on se fie aux déclarations souvent grandiloquentes des « spécialistes », on ne sait jamais à quoi s'en tenir. Certains font des déclarations dithyrambiques, assorties de propos pleins de commisération pour les pusillanimes qui pourraient avoir la plus minime appréhension : « les centrales électronucléaires sont des sources d'énergie propres, elles n'augmentent pas la pollution de l'environnement... Le scepticisme et l'incrédulité qui persistent à leur sujet sont dus à une peur exagérée du danger d'irradiation pour le personnel d'exploitation et surtout, pour les populations environnantes... L'exploitation des centrales nucléaires en URSS, aux Etats-Unis, en Angleterre, en France, au Canada, en Italie, au Japon, en Allemagne, témoigne d'une *sûreté absolue*, lorsque les modes d'exploitation prescrits et les règles impératives sont respectés. En outre, on peut se demander, des centrales atomiques et des centrales au charbon, lesquelles sont les plus nocives pour l'organisme humain et pour l'environnement. » (A. Petrossiants : *De la quête scientifique à l'industrie atomique*, 1972).

Ecoutez aussi ce que déclarait en 1974, à l'Assemblée générale annuelle de l'Académie des Sciences d'URSS, son Président, l'Académicien Alexandrov, grand spécialiste, parait-il, du nucléaire, Directeur d'un important Institut de l'énergie atomique : « On nous reproche les dangers de l'électronucléaire, les risques de pollution radioactive de l'environnement... Mais, camarades, en cas de guerre nucléaire, quel genre de pollution aurions-nous ? » Raisonnement limpide ! Dix ans plus tard, en 1984, le même Alexandrov disait qu'il fallait prier le ciel de préserver l'Union Soviétique d'un accident comparable à celui de Three Miles Island.

Il n'a, finalement, pas été entendu. Mais les avertissements du ciel n'ont pas manqué.

Three Miles Island, Pennsylvanie, USA. Une centrale nucléaire. Le 28 Mars 1979, 4 heures du matin : panne des pompes principales chargées d'injecter de l'eau dans le générateur de vapeur. Les trois pompes de secours sont en réparation, impossible de les utiliser : violation grave des normes de sécurité les plus élémentaires, toujours avoir au moins une pompe de secours en état de fonctionner. Donc, le générateur de vapeur ne peut plus assurer l'évacuation de la chaleur produite par le réacteur. Surpression : des soupapes cèdent. 370.000 litres d'eau radioactive bouillante se répandent sur le sol du hall central. Ils s'évacuent automatiquement vers les réservoirs d'un bâtiment voisin. Très vite, ces réservoirs débordent, l'eau s'évapore, les ventilateurs évacuent la vapeur radioactive dans l'atmosphère. L'environnement est contaminé. Le réacteur s'arrête progressivement, mais la surchauffe du coeur s'accroît et l'eau continue de s'évaporer. Il est 4 heures 2 minutes. Le système de refroidissement d'urgence du coeur se met en route. Il est 4 heures, 4 minutes et 30 secondes. Un opérateur le déconnecte, on ne sait pas pourquoi : erreur humaine lourde de conséquences. L'eau continue à s'évaporer. Un tiers du coeur du réacteur est sans refroidissement, il libère des produits de fission hautement radioactifs. 4 heures, 11 minutes, l'opérateur remet en marche le système de refroidissement d'urgence qu'il avait débranché 5 minutes, 30 secondes avant. Tous les instruments sont au maximum, les voyants d'alerte clignotent : ils clignoteront pendant 11 heures. La température continue à monter, les pompes d'urgence vibrent dangereusement. L'opérateur les débranche à nouveau. 5 heures, 30 minutes, on a pu réparer la pompe principale tombée en panne il y a une heure et demie. L'eau recommence à circuler. Mais à la partie supérieure du coeur s'est formée une bulle de gaz : hydrogène et krypton, argon, xénon radioactifs. Une explosion est imminente. Le rayonnement est alors six cents fois supérieur à la dose mortelle. Heureusement, le volume de la bulle diminue progressivement, et l'on peut par des méthodes de dégazage, éliminer non sans peine les risques d'explosion. Le réacteur est finalement arrêté. Une commission d'enquête se met au travail. On estime à plus d'un milliard de dollars le coût de la neutralisation des conséquences de la catastrophe.

Tel fut le premier drame d'importance dans une centrale nucléaire.

On accuse la Société Metropolitan Edison, propriétaire et exploitante, de n'avoir pas respecté les règles de sécurité, d'avoir mis le réacteur en route trop tôt malgré des incidents de fonctionnement aux essais, un 30 Décembre 1978, juste avant le début de la nouvelle année, parce qu'elle réalisait ainsi une économie d'impôts importante. Tout de suite en Janvier 1979, il avait fallu l'arrêter parce qu'il y avait des fuites dans les pompes. En outre, trois jours après l'accident, ladite société décidément peu respectueuse de ses devoirs rejettait clandestinement dans la Susquehanna River 5 millions 200.000 litres d'eau radioactive.

Et les populations voisines ? On commença par leur affirmer qu'il n'y avait aucun danger, qu'il s'était agi d'un simple incident sans gravité. Puis l'on « conseilla » de ne pas sortir dans la rue. Enfin, le gouverneur prit des mesures : il fit évacuer les enfants et les femmes enceintes vivant à moins de huit kilomètres. On ferma sept écoles. Mais, spontanément, 80.000 des 200.000 personnes qui habitaient à moins de 35 kilomètres s'en étaient allées. Si la bulle radioactive des 30, 31 Mars et 1er Avril avait explosé, qui, des hommes et de l'environnement, aurait pu être vraiment à l'abri ?

D'autres accidents ? 1951, Détroit. 1959, Santa Suzanna, Californie. 1979, Evring, Tennessee. 1982, Rochester. Cinq jours plus tard, Ontario. 1985, Samer Plant. 1985 encore, Indian Point près de New York. 1989, Webber Falls, un mort, huit blessés. Chaque fois, des pollutions radioactives graves de l'atmosphère, des rivières, des habitants, tous ensemble, tous solidaires.

En Russie ? 1957, Tcheliabinsk. 1966, Melekesse, etc... De 1964 à 1979, nombreux accidents majeurs à Bieloïarsk, le personnel gravement irradié, mais on n'en parle pas : donc aucun moyen pour les autres de prendre des mesures préventives. 1974, Leningrad. Un mois plus tard, encore Leningrad. 1975, encore Leningrad. 1977, encore Bieloïarsk. 1978, encore Bieloïarsk. 1982, déjà Tchernobyl. 1982, l'Arménie. 1985, Balakovo, quatorze morts.

Au moment de Tchernobyl, le Ministre de l'Energie de l'URSS, Anatoli Maïorets est incompétent, les Vice-Ministres, particulièrement celui chargé du secteur nucléaire sont incompétents. Le Directeur de l'exploitation de l'Energie Nucléaire est incompétent. Tous ignorent presque tout des problèmes d'une centrale atomique. Ce qui ne les empêche pas de décider, de trancher, ou ce qui, au contraire les amène à un dangereux immobilisme.

Tchernobyl, jeudi 24 Avril 1986, une journée de soleil printanier dans cette région de Polésie, moitié Ukraine, moitié Biélorussie. L'air est léger, la température douce, la rivière Pripyat, affluent du Dniepr étincelle ; sur ses bords sablonneux, il y a déjà des baigneurs et des pêcheurs. Des forêts de pins, une petite ville toute neuve qui porte le nom de la rivière. On joue au football. Il fait bon vivre pour le personnel de la centrale nucléaire qui dresse ses tours à dix-huit kilomètres de l'agglomération et aussi pour les retraités qui apprécient son calme. Ceux qui ont vécu à Pripyat disent que c'est un petit paradis.

Six réacteurs sont prévus à la Centrale électronucléaire. Le quatrième vient d'être mis en service, triomphe de la science et de l'industrie atomique soviétique, mais, pour les véritables spécialistes, d'un modèle dangereux et depuis longtemps dépassé. Dans la salle de contrôle de ce réacteur 4, tous les techniciens sont là, calmes et sûrs d'eux. Tout fonctionne au ralenti : on doit faire des tests de turbine, avec le réacteur encore en route. Comme le prévoit le règlement, le protocole de ces essais a été soumis, depuis plusieurs mois aux autorités de tutelle, à Moscou, seules compétentes pour donner l'autorisation. Les autorités n'ont pas répondu. Habitué à l'inertie des apparatchik du Parti murés dans leurs hautes sphères, les dirigeants locaux ont décidé de passer outre. Fomine, l'ingénieur en chef de la centrale a approuvé. Il prend les risques qui ne sont pas négligeables puisqu'il décide tout simplement pour commencer, de mettre hors service les sécurités du réacteur, afin de voir si avant de s'arrêter, le rotor du générateur peut alimenter à lui seul par inertie les pompes de refroidissement du coeur atomique. Si les pompes s'arrêtaient, le coeur entrerait en fusion et pourrait exploser. Le but de l'expérience est de vérifier si en cas d'arrêt de l'alimentation électrique la centrale pourrait continuer à fonctionner. Des essais du même genre ont été faits ailleurs, mais jamais les sécurités n'ont été débranchées : il s'agissait seulement d'une simulation de panne d'électricité, une alimentation électrique de secours restant branchée en permanence. Fomine ne respectait aucune des règles de sécurité. Son personnel était mal préparé, inconscient des dangers et n'avait à sa disposition ni les vêtements spéciaux, ni les comprimés d'iodure de potassium, ni les masques nécessaires en cas d'irradiation. Il était électricien de formation, avait travaillé jusque là dans des centrales thermiques et ne connaissait rien au nucléaire. En outre, il relevait d'un grave accident qui lui avait fracturé la colonne vertébrale et n'avait repris son travail que depuis un mois, prématurément aux dires des médecins.

Toutes les conditions étaient réunies pour un drame sans précédent. Ce fut effectivement la plus grande catastrophe atomique de notre époque. Elle aurait pu être quatre fois pire, si, par miracle, les autres réacteurs de la centrale n'avaient été épargnés. Et la terre entière aurait probablement été gravement, voire irrémédiablement contaminée.

Tchernobyl, Vendredi 25 Avril 1986, 1 heure du matin : on commence à réduire la puissance du réacteur n° 4.

14 heures : on déconnecte du circuit de circulation, le système de refroidissement d'urgence, qui est destiné à empêcher la fusion du coeur. Telle fut l'erreur première, délibérée et fatale de l'ingénieur Fomine, si sûr de lui, bien qu'il ignorat tout de la physique nucléaire. Telle fut la cause initiale de la catastrophe. Ce geste allait envoyer à la mort des hommes innocents et détruire l'environnement de toute une région, l'une des plus belles de

l'Ukraine et de la Biélorussie. Il allait gravement handicaper plusieurs générations. Et ni son adjoint, ni aucun des techniciens présents ne manifestent la moindre inquiétude. Inconscience et ignorance qui seront hélas chèrement payées.

Les services de distribution d'électricité de Kiev téléphonent pour demander de différer l'arrêt des fournitures. Fomine accepte, le réacteur continue à fonctionner, toutes sécurités débranchées. Ce délai de 11 heures 23 minutes est une autre cause de l'explosion.

Vendredi 25 Avril, 23 heures 10. On reprend la réduction de puissance. Le réacteur est encore en situation stable et contrôlable.

Samedi 26 Avril, 1 heure du matin. La fourniture d'électricité à Kiev est interrompue. On débranche par erreur, dans le même temps, le circuit local de régulation et la puissance s'effondre. Il faudrait alors tout arrêter immédiatement. On continue. Les produits de désintégration empoisonnent le réacteur qui entre dans une phase d'instabilité. On décide de continuer encore. On a confiance dans le réacteur. Et puis il faut en finir avec ces essais. Mais : on a réduit l'excédent de réactivité disponible au dessous du niveau normal ; on a débranché le circuit de régulation ; on a dépassé le débit prévu pour les pompes ; on a déconnecté la protection du réacteur ; on a débranché les signaux d'arrêt pour la surchauffe ; on a mis hors service le système de refroidissement d'urgence du coeur ; on a supprimé les alimentations électriques et les diesels de secours. Cela fait beaucoup de choses ! Toutes des violations graves de la sécurité. Et personne ne se doute de la catastrophe imminente. Jusqu'à sa mort, l'un des responsables répètera : « J'ai tout fait correctement, je ne comprends pas ce qui s'est passé ».

Samedi 26 Avril, 1 heure, 23 minutes, 04 secondes. La vapeur dans les pompes augmente et le niveau de l'eau dans le réacteur baisse.

Samedi 26 Avril, 1 heure, 23 minutes, 40 secondes. Le chef de quart appuie sur un bouton qui commande l'arrêt d'urgence : le bouton AU-5. Il en résulte, dans l'état où sont les choses, une poussée de réactivité qui va tout aggraver. C'est fini, irrémédiable : la destruction du coeur est amorcée. Dans la salle de commande, on commence à être inquiet. Il y a là treize hommes : ingénieurs, chefs de laboratoire, chefs de quart, assistants, et deux stagiaires d'un autre service qui sont venus pour voir. Responsables de tout sur place : l'ingénieur en chef Anatoli Stepanovitch Diatlov, chef du service réacteur, défini comme « une personne ombrageuse et lente », qui n'avait jamais travaillé dans une centrale et ne connaissait ni les réacteurs à uranium-graphite, ni leurs circuits thermiques ; l'ingénieur Léonid Toptunov chargé de la conduite du réacteur ; le chef de quart, Alexandre Akimov. Une tension dramatique s'installe dans les esprits. Diatlov court partout, insulte tout le monde. Il devrait tout arrêter, mais il se contente de s'énerver et perd du temps. Toptunov ne veut pas augmenter la puissance, il a raison, cela renforcerait l'empoisonnement du réacteur. Mais Diatlov l'y oblige. L'état critique du réacteur augmente brutalement. Déjà, le sol du hall central est secoué. Les canalisations d'eau et de vapeur éclatent. Des réactions chimiques vapeur + zirconium se produisent, un mélange détonant d'hydrogène-oxygène s'accumule dans les casemates qui entourent le coeur. Il atteint le seuil critique d'explosion...

... Samedi 26 Avril, 1 heure, 23 minutes, 58 secondes. Tout saute. Plusieurs explosions, le toit est arraché, des étincelles, des flammes, des débris incandescents du combustible extrêmement radioactif et du graphite de protection sont projetés un peu partout, des incendies éclatent en ving-trois endroits, toutes les carapaces protectrices sont arrachées, le feu atomique échappe à tout contrôle, une énorme grue de 50 tonnes est envoyée dans les airs et retombe lourdement sur les bâtiments. Le combustible nucléaire a été détruit, est entré en fusion, s'est évaporé et a formé un nuage qui monte dans l'atmosphère jusqu'à onze mille mètres et que le vent emporte en direction de la Biélorussie, puis des Etats Baltes, puis du reste du monde. Cinquante tonnes de particules fines, bioxyde d'uranium, radionucléides de haute activité, iode 131, plutonium 239, strontium 90 et d'autres encore commencent dans les airs leur mortel voyage. Pour mémoire, la bombe d'Hiroshima n'avait rejeté « que » quatre tonnes de substances radioactives. Il reste en liberté, sur place et dans les environs immédiats, soixante-six tonnes de combustible et sept cents tonnes de graphite hautement radioactifs.

Longtemps, Diatlov n'a pas voulu croire que le réacteur avait explosé : c'était un réservoir annexe, mais le réacteur se devait d'être intact. Telle est la fausse nouvelle qu'il téléphone à Moscou, qu'il accrédite partout. Il fait venir tout le personnel disponible sur le site. Il envoie les deux malheureux stagiaires voir sur place, Proskouriakov et Koudriavtev, qui arrivent non sans peine, en se frayant un chemin dans les matières fissiles qui jonchent le sol, jusqu'au coeur éclaté, et là, ils voient le cratère, les flammes qui jaillissent, reçoivent de plein fouet des radiations mille fois mortelles. Leur peau, même sous les vêtements, devient noire, c'est le « bronzage atomique », ils sont pris de nausées, ils retournent à la salle de contrôle, annoncent que le réacteur est détruit. Diatlov ne les croit pas, les traite d'incapables et les envoie à l'infirmerie. Elle est fermée, le médecin-auxiliaire de garde est absent. Ils seront transportés à Moscou où ils mourront quelques jours plus tard dans des souffrances atroces.

Diatlov ne croit toujours pas que le réacteur est détruit, il le téléphone et l'affirme à tous azimuts, il continue de faire déverser des tonnes d'eau qui risquent à tout moment de provoquer des court-circuits et surtout, comme les canalisations souterraines sont communes, de faire exploser les trois autres réacteurs.

On a longtemps cherché Fomine, le responsable des essais. Il n'était pas chez lui ! Il arrive enfin. Il est affolé, il pleure, il crie, il tyrannise. Il envoie Sinikov, un physicien compétent, pour voir une fois de plus si le réacteur est, ou non, détruit. Et Sinikov va rencontrer sa mort. Il monte sur le toit arraché, il voit le réacteur éclaté, il est totalement irradié de rayons neutroniques et de rayons gamma, il respire le gaz chargé de radionucléides, il reçoit au moins 1500 roentgens qui détruisent son système nerveux central. Rien ne pourra le sauver. A 10 heures du matin, il revient annoncer à Fomine que le réacteur est détruit. On ne le croit pas davantage, il agace tout le monde, on l'envoie à l'infirmerie, tout noir du « bronzage atomique ». On continue d'alimenter en eau le réacteur...

Au prix d'efforts héroïques, tous les pompiers de la région venus prêter main-forte aux équipes locales sont parvenus à éteindre les incendies. Totalement irradiés, ils mourront tous.

Au prix d'efforts héroïques, les spécialistes des turbines et les électriciens débrancheront les conduites, empêcheront l'extension à toute la centrale. Totalement irradiés, ils mourront tous.

Certains pourtant, parmi les dirigeants de Tchernobyl, commencent à réaliser le drame, en dehors de tout esprit politique à courte vue. On propose à Moscou d'évacuer la ville de Pripyat. Réponse : « Niet ! Pas de panique. Attendez l'arrivée de la commission gouvernementale d'enquête. » D'autant plus que Fomine et les autres continuent à annoncer au téléphone que tout va bien, que la situation est parfaitement maîtrisée, que la radioactivité autour de la centrale et dans la ville est normale. C'est « l'euphorie nucléaire », symptôme classique des irradiations graves. Et, conséquence logique, ils envoient toujours de l'eau au réacteur, ce qui provoque l'irradiation de surfaces toujours plus grandes et de personnes toujours plus nombreuses. La radioactivité dans tout le secteur est de 15.000 roentgens/h, mais les appareils disponibles ne peuvent pas mesurer plus de 4 roentgens/h.

A Pripyat, comme si de rien n'était, les enfants partent pour l'école.

Dans la population, personne ne sait ce qui se passe. On a vaguement entendu parler d'un accident et d'un incendie à la tranche n° 4. Mais l'accident était tellement considéré comme une impossibilité absolue qu'aucune mesure de défense passive n'a été prise, qu'aucun exercice n'a jamais été fait dans la ville. Les petits enfants jouent dans les bacs à sable hautement radioactifs. Les grands sont à l'école, toutes fenêtres ouvertes. Les mères font la lessive, étendent le linge qui s'imprègne aussitôt de radionucléides. Dans la rue, on vend des beignets contaminés. On pense au week-end et aux fêtes du 1er mai. Oui, il fait bon vivre dans ce petit paradis de Pripyat.

Sur le pont, près de la gare, exactement à l'endroit où s'est attardé le nuage atomique, les enfants se précipitent pour mieux jouir du spectacle du réacteur qui brûle: c'est l'attraction du jour. Mais le soir, on voit que l'incendie redouble, on sent qu'une odeur « métallique » flotte dans l'air, une certaine angoisse s'installe. Certains voudraient partir, mais la milice les empêche de quitter la ville.

Les ouvriers de la centrale ? Pour ceux de la tranche n° 4 : deux sont morts, les autres évacués dans un état grave. Pour ceux des autres tranches qui rentrent de leur travail, ils passent sur des déchets de matières fissiles qu'ils ramènent à la maison sous leurs semelles. 10.000 roentgens par heure au sol, la dose léthale est de 600 r/h. Un chef de travaux, Vassili Trophimovitch Kizima, téléphone à Brioukhanof, le Directeur de la centrale de Tchernobyl : « Que se passe-t-il ? » Réponse : « Nous étudions la question. » Plusieurs heures plus tard, même question, même réponse.

Viktor Petrovitch Brioukhanov, Directeur de la centrale de Tchernobyl affirmera toute la journée du 26 Avril à Moscou et partout ailleurs que :

1/ le réacteur est intact, il est refroidi à l'eau ;

2/ la situation radiologique est normale.

La cellule de crise, puis la commission gouvernementale qui s'apprêtent à quitter Moscou (la première sera à Pripyat au début de l'après-midi, la seconde, dans la soirée du 26) sont optimistes, sur la foi de ces renseignements. Quel bon réacteur nous avons là ! Gloire à l'Industrie Atomique de l'Union Soviétique ! Tout sera vite réparé ! Après tout, deux morts pour une explosion, ce n'est pas cher payé !

Mais... Deux spécialistes de la commission d'enquête, Prouchinsky et Polouchkine survolent en hélicoptère dans l'après-midi, aussitôt après leur arrivée, le réacteur soi-disant intact. Ils descendent au-dessous, à 400 mètres, puis 250, puis 250 mètres, sans masques, sans protections, sans appareils de mesure. Ce qu'ils voient les terrifie. La plaque supérieure de protection du réacteur a éclaté, elle est chauffée au rouge vif, des flammes et de la fumée s'échappent, projetant des morceaux de carburant atomique et de graphite. Brioukhanov a menti sur toute la ligne.

Le soir du 26, la radioactivité continue à augmenter, les isotopes pénètrent dans les organismes des ouvriers et des habitants de Pripyat, les rayons gamma et bêta continuent à les inonder.

En grand uniforme, le brave général Gennadi Vassilievitch Berdov, Ministre de l'Intérieur de la République d'Ukraine, déjà radioactif de la racine de ses cheveux blancs à la pointe de ses épaulettes dorées et jusqu'aux nombreuses médailles qui pendent sur sa poitrine, prend les mesures les plus intelligentes du moment : il fait entourer les zones les plus dangereuses par un cordon de miliciens, il fait préparer mille autocars pour évacuer en hâte les habitants de Pripyat. La commission gouvernementale, par la bouche de l'incapable Maïorets, Ministre de l'Energie et de l'Electrification d'URSS, qui a pourtant entendu le rapport de l'hélicoptère lui dit : « Niet ! Vous voulez créer la panique ? Quand le réacteur sera arrêté, tout va se calmer ! »

De Moscou, impossible de savoir ce qui se passe : les téléphones sont coupés, les liaisons radio pratiquement inutilisables. Tchernobyl est isolé dans toutes les directions. Ping et Feng !

Au Centre Médical de Pripyat, c'est aussi la désorganisation totale. Comme ailleurs, le personnel, médecins, infirmiers, infirmières, n'était pas préparé à faire face à des accidents officiellement impensables. Le premier groupe de blessés est arrivé une demi-heure après l'explosion : des brûlures thermiques, des irradiations internes et externes. Mais on ne peut avoir aucune information sur les doses reçues, ni sur les durées d'exposition, puisqu'on ne dispose pas d'appareils de mesure. Rougeur de la peau, puis « bronzage atomique », oedèmes, brûlures, faiblesse, nausées, vomissements, parfois état de choc, tels sont les premiers symptômes. Normalement, cet échelon de premiers secours devrait fonctionner comme un centre de triage. répartir d'abord les blessés en quatre catégories, suivant l'importance des lésions, qui déterminent le degré d'urgence : 1/ guérison impossible et improbable ; 2/ guérison possible avec des moyens thérapeutiques modernes ; 3/ guérison probable ; 4/ guérison certaine. Seules les catégories 2 et 3 doivent être traitées et évacuées en extrême urgence.

Mais à Pripyat, on mélange tout. On s'occupe par priorité de la première catégorie, des pompiers gravement brûlés, qui mourront de toutes façons. On les met sous perfusion. L'après-midi seulement, puis le soir, arrivent des spécialistes de Moscou qui commenceront à mettre un peu d'ordre.

Bientôt, tout l'hôpital est contaminé. On lave à grande eau les chambres, les couloirs, mais la radioactivité ne baisse pas. L'air saturé de rayons gamma s'engouffre par les fenêtres et les portes qu'on a laissées grandes ouvertes. Tous les médecins sont gravement irradiés, eux aussi.

Alexandre Leletchenko chef-adjoint électricien, le héros qui a permis l'isolation des systèmes électriques et empêché l'extension du désastre aux autres réacteurs, se sent mieux après une perfusion. Il s'évade de l'hôpital et retourne à la centrale pour continuer son travail dans la zone mortelle. On l'évacuera à Kiev dans un état désespéré, il mourra dans des souffrances atroces : il avait reçu 250 roentgens par heure.

Voici pour mémoire, les normes de l'Organisation Mondiale de la Santé : la dose plafond admissible pour le personnel travaillant dans les centrales est de 5 roentgens pas an. Pour la population, 0,5 roentgens par an.

On évacue sur Moscou, à la clinique n° 6 spécialisée, vingt-huit blessés dès le soir du 26. On en évacuera cent autres le lendemain.

Arrive à 9 heures du soir, le 26, le Vice-Président du Conseil des Ministres d'URSS, Boris Evdokimovitch Chtcherbine. On lui explique la situation : le réacteur est détruit (enfin officiel !) ; il faut envisager l'évacuation (tout de même !) ; il faudrait verser 200.000 mètres cubes de béton sur le réacteur (comment ?).... Tout le monde donne son avis.

Chtcherbine : « Calmez-vous ! Il faut éviter l'évacuation ! Réfléchissez, camarades, on est bien arrivé à éteindre des tempêtes de flammes dans des puits de gaz !... »

On parle d'arroser avec de l'eau transportée par hélicoptère ou par bateaux-pompe. Mais un physicien fait observer que l'eau, sur un feu atomique, n'a aucun effet et ne pourra que libérer davantage de radioactivité. Et le sable ? Lancé par avion ? On demande à Kiev des hélicoptères et des pilotes.

Enfin, le 27 avril à 13 heures 30 commence tant bien que mal l'évacuation. Les autobus emmènent la population irradiée et sous leurs roues des particules radioactives qui contamineront les villes et les villages traversés. On devra pendant des mois et des mois, lessiver les rues et les trottoirs de Kiev et toutes les routes de la région.

Arrive l'héroïque général d'aviation Antochkine. Commence alors, pendant trois jours, le ballet infernal et meurtrier de ses hélicoptères. Tout le monde se met à remplir des sacs de sable, même les ministres, on réquisitionne 150 ouvriers d'un kolkhoze voisin qui seront évidemment tous irradiés. Les rotors font voler les poussières et, de ce fait, la radioactivité de l'air augmente encore. Avec les pilotes, on envoie des agents qui avaient participé à la construction, pour mieux localiser le réacteur. Ils travaillent tous sans protection. Ils mourront dans les semaines, les mois, les années à venir. Leur avenir, c'est la mort. Uniquement la mort. L'approche est dangereuse. A cent mètres, la radioactivité est de 500 roentgens/h, elle montera très vite à 1800 roentgens/h, à cause des lâchers de sable. Il faut 3 à 4 minutes en vol statique pour jeter les sacs. Les vingt-sept premiers équipages sont très vite malades et évacués à Kiev. Le 27 Avril, il font cent dix sorties, le 28, trois cents, le 30, six cents, le 1er mai sept cent cinquante. Il auront jeté plus de 5000 tonnes de sable.

Le 29 Avril, on décide d'arrêter les trois autres réacteurs de Tchernobyl et les 14 réacteurs du même type disséminés dans tout le pays. La Russie est ainsi privée de 14 millions de kilowatts.

Le 4 Mai, tous les ministres, les membres des commissions sont évacués par avion sur Moscou, clinique n° 6. Ils sont complètement irradiés. Malgré les soins de décontamination, leur radioactivité augmente : on se demande pourquoi. On s'avise enfin qu'ils ont été installés dans les lits précédemment occupés par les pompiers atomisés et qu'on n'avait pas changé les draps ! !

Le 5 Mai, se termine l'évacuation de Tchernobyl : on tue les chiens, les animaux familiers. Tous les objets personnels, meubles, linge, tous les petits trésors familiaux sont laissés sur place, perdus à jamais.

Le 6 Mai, avec des obus, on parvient à percer un trou dans le béton, par où on espère injecter de l'azote liquide sous le réacteur. On achète à la République Fédérale Allemande pour un million de roubles/or, des robots à bras articulés afin de ramasser les déchets radioactifs. Des Russes partent en Allemagne pour apprendre à les faire marcher. Conçus pour des surfaces planes, ils seront inefficaces, car le sol est jonché de débris. On finira par tout faire ramasser à la main par des soldats. Tous mourront. Plus tard, dans les discussions de comité, les hautes autorités calculeront en vies humaines le coût de leurs décisions : « Pour telle opération, deux vies humaines, pour telle autre, une vie... »

Conclusion de A.M. Petrossiants, Président du Conseil d'Etat pour l'Energie Nucléaire d'URSS, au cours d'une conférence de presse : « La science exige des victimes ! »

Bel exemple de barbarie antique.

« ... Le réacteur continue à brûler, crachant dans le ciel des millions de curies, écrivait Grigori Medvedev, savant atomiste russe. Il n'est pas le seul à crever. Le vieil abcès caché de notre société vient d'éclater. Il suppure : optimisme béat, aveuglement, corruption, protectionnisme, irresponsabilité et privilèges. Le cadavre d'une époque révolue, de l'ère du mensonge et de la décomposition des valeurs spirituelles exhale des radiations nauséabondes... » *

Maintenant, à Tchernobyl, au prix de nombreuses vies humaines supplémentaires, on est parvenu à enfermer le réacteur dans un sarcophage d'acier, de béton et de sable, 300.000 tonnes. Même si l'on a finalement jugulé le danger d'une nouvelle explosion atomique, le feu continue à couver, car les produits de fission restent là, en grandes quantités. Un système de ventilation automatique permet de maintenir la température à 200 degrés. Mais en Août 1990, le *Berliner Morgenpost* publie les déclarations d'un membre de l'Agence Internationale pour l'Energie Atomique : « ... une grande partie des produits de fission encore présents dans le réacteur pourrait se répandre dans l'environnement, car l'enveloppe de béton se fragilise... » Vladimir Tchenovssenko, membre de l'Académie des Sciences de l'Ukraine n'est pas plus optimiste : « Le danger, c'est que les structures du sarcophage s'effondrent, car de l'autre côté du mur, il y a le réacteur n° 3 qui fonctionne toujours : un tel déplacement de masse peut conduire à un nouvel accident... » - et ailleurs - : « La chape de béton construite sous le réacteur pour protéger la nappe phréatique résisterait mal aux 300.000 tonnes du sarcophage : le contact des eaux avec le coeur du réacteur pourrait créer un choc thermique et provoquer une nouvelle explosion et une dispersion des produits de fission... »

Ce qui est plus grave encore, c'est que la radioactivité augmente partout, gagne du terrain. Déjà, dans la ville nouvelle de Slavutich construite à 50 kilomètres de

---

* *La Vérité sur Tchernobyl* par Grigori Medvedev (Albin Michel 1990), ouvrage où j'ai puisé une importante documentation sur le drame. Lire aussi l'article de *Der Spiegel* : *Katastrophe spätfolgen* (23.04.1990).

Tchernobyl pour accueillir 22.000 réfugiés les normes légales de contamination sont dépassées.

Evidemment, les démentis officiels ne tardent pas : tout est bien, tout est parfait, tout est surveillé, il n'y a pas le moindre risque. Un français, le Professeur Pellerin, directeur du Service Central de Protection contre les Rayonnements Ionisants qui eut en 1986 son heure de célébrité pour avoir nié que le nuage de Tchernobyl fût jamais passé sur la France, déclare qu'il a fait des mesures de radioactivité sur le sarcophage et qu'il n'a rien vu d'anormal !

Après des années de silence, de camouflage, de détournement de la vérité, on aurait pu penser que l'on était parvenu à supprimer le mensonge, à instaurer le « glasnost », la transparence ? Les feux suborneurs des dépravations anciennes ne couvent-ils pas toujours sous les apparences d'une « perestroïka », d'un renouveau, qui serait illusoire ? Comment le savoir ? Seulement encore par des sacrifices humains ?

Oust-Kamenogorsk, dans le Kazakhstan, dans une usine de combustible nucléaire, en septembre 1990 : deux explosions successives, des nuages de poussières toxiques de béryllium radioactif, des ouvriers contaminés, aussitôt expédiés et traités en secret à des milliers de kilomètres de là... Le même jour, toujours dans le Kazakhstan, à Ekibastouz, l'une des plus grandes centrales thermiques de la région, une explosion d'hydrogène : encore des blessés, des contaminations de l'environnement. La *Pravda*, les *Izvestia* en parlent. Au Ministère de l'Industrie, les autorités nient tout : « Oui, on a lu quelque chose dans les journaux... Mais non, on n'est au courant de rien !! » Pourtant, sur place, dans un épais brouillard de béryllium, on a distribué des masques à gaz rudimentaires et il n'y en avait pas pour tout le monde.

Pollutions physiques, pollution des esprits, destructions, destructions, à la fois de l'homme et de son environnement dans tous les éléments de leur fragile interdépendance !

Tant d'hommes héroïques, ou pusillanimes, ou inconscients, ou incompétents, ou irresponsables et tous, en très grande majorité innocents sont morts et tant d'autres vont mourir. Pour Tchernobyl, un bilan véritable est encore impossible à établir. Très officiellement, Moscou annonce quatre-vingt-six morts, mais l'armée dit qu'elle a perdu trois cents soldats. Les statistiques sérieuses en provenance de l'étranger parlent au moins de vingt-quatre mille morts, et plus vraisemblablement de cent mille. Au total, d'après des spécialistes américains, plus d'un million de personnes risquent de mourir, directement ou indirectement, des suites de la catastrophe de Tchernobyl. Les cancers de la peau, de la thyroïde, les leucémies se sont multipliés. De graves déficiences immunologiques auxquelles on a donné le nom de « Sida de Tchernobyl » se manifestent chaque jour. Avortements spontanés et naissances de monstres chez les humains irradiés comme chez les rares animaux qui ont survécu augmentent de fréquence, et les patrimoines génétiques restent pour des générations gravement menacés.

Autour du réacteur, une clôture empêche toute pénétration dans un rayon de trente kilomètres. Là, tout est mort pour plus de mille ans. Dans les régions avoisinantes, les forêts sont figées dans une vision d'apocalypse ? Les terres que l'on pensait récupérer pour des cultures après avoir enfoui leur surface à des grandes profondeurs ont du être abandonnées sur des milliers d'hectares. La remise en valeur aurait coûté des milliards de dollars, plus que le budget global des Etats-Unis. Parfois poussent des plantes bizarres qui très vite s'étiolent et meurent. Parfois des animaux dégénérés, des chiens aveugles, des chats sourds, des oiseaux désorientés traversent comme des spectres hagards les étendues désolées. Des gens habitent toujours ce que l'état appelle pudiquement des zones de contrôle strict. Ils cultivent des terres empoisonnées pour des siècles, ils élèvent un bétail dont on ne sait que faire : il faut détruire les récoltes, jeter le lait des vaches, brûler la viande des bovins. Quel paysan peut se résoudre à de pareilles extrémités, même si l'Etat leur alloue généreusement 30 roubles par mois, « l'argent du cercueil », disent-ils, pour acheter des conserves. Dans ces zones, interdiction de nager, de pêcher, de chasser, de se promener dans les bois, de ramasser des champignons. Les enfants, à l'école, lorsqu'il en reste, sont enfermés dans les classes, portes et fenêtres hermétiquement closes, pendant douze heures. Défense de jouer.

En Biélorussie, la Russie Blanche, 7000 kilomètres carrés contaminés, réputés inhabitables aux normes internationales, vingt pour cent du territoire de cet Etat. En Ukraine et dans les régions voisines, 3500 kilomètres carrés. L'évacuation totale des lieux sinistrés coûterait trop cher : 300 millions de roubles. L'URSS ne peut pas se le permettre. Alors, fichus serrés autour de la tête, bonnets de laine enfoncés jusqu'aux yeux, car ils croient que la contamination se fait par les cheveux, les moujiks, plus malheureux, plus délaissés qu'ils ne l'ont jamais été sous aucun régime, subsistent tant bien que mal dans l'ère nouvelle de la terreur atomique. D'autres, qui n'ont pas pu se faire aux conditions de vie que leur évacuation en d'autres lieux moins contaminés leur avait imposées sont revenus chez eux, en zone interdite, tout près du réacteur éclaté. Les vieux, on les a laissé faire, en pensant qu'après tout, les cancers induits par la radioactivité évoluent plus lentement chez les vieillards et qu'ils n'ont plus, de toutes manières, ni à procréer, ni à vivre trop longtemps.

Les retombées de Tchernobyl ont parcouru le monde : on les a retrouvées dans toute l'Europe, en Asie, en Amérique, en Afrique, et jusqu'en Australie. « Nous sommes tous les otages de l'atome » a déclaré Gorbatchev. Où en serions-nous, si les quatre réacteurs avaient explosé ? Où en serons-nous la prochaine fois ? Un expert allemand de la protection atomique écrit : « il est évident qu'il faut prendre en compte l'éventualité d'un nouveau Tchernobyl dans la planification ». Un autre expert américain pense que le risque est de 50 % pour les dix ans à venir. Naturellement, les milieux d'affaires et les groupes de pression qui ont des intérêts dans l'atome, continuent à dire que l'exploitation des centrales nucléaires est d'une *sûreté absolue*. Les incidents et les accidents continuent à être complètement cachés. *Der Spiegel* écrit même : « ... ce maître camoufleur qu'est l'Electricité de France, avoue 362 incidents dans ses centrales nucléaires en 1969 : Tchernobyl-sur-Rhône n'est pas à exclure... »

Au cimetière de Mitino, près de Moscou, quelques unes des premières victimes, pompiers, techniciens sont ensevelis : triple cercueil de plomb et d'acier dans une cuve de béton. Leurs malheureux cadavres irradiés font peur encore aux vivants. Et dans les champs contaminés pour des millénaires en Russie Blanche, en Ukraine, des théories de paysans tragiques emmitouflés dans leurs protections dérisoires, continuent à produire inutilement des fruits voués à la destruction. O terres autrefois si fertiles de la Sainte Russie, quel exemple d'un sinistre avenir nous donnez-vous ?

# Tchernobyl : les Soviétiques auraient menti

***Selon l'ingénieur en chef de la centrale, Moscou a caché aux Occidentaux certains vices de conception du réacteur.***

Les autorités soviétiques ont menti sur les véritables causes de la catastrophe de Tchernobyl, et les experts occidentaux ont gobé ces mensonges : voilà en substance ce qu'affirme aujourd'hui Anatoly Diatlov, l'ingénieur en chef qui pilotait la centrale lors de l'accident, dans un document de 17 pages que vient de publier la revue américaine *Nucleonics Week*. La lettre de M. Diatlov a été adressée fin décembre au directeur général de l'Agence pour l'énergie atomique à Vienne, Hans Blix.

L'ingénieur soviétique, qui vient de purger une peine de quatre ans de prison pour sa responsabilité dans la catastrophe, y cherche, comme on peut l'imaginer, à se disculper. Mais ses révélations jettent une lumière nouvelle sur des vices de conception des centrales RBMK qui n'avaient pas été révélés jusqu'à présent. Il faudrait donc savoir si ces défaut ont été corrigés sur les seize centrales de ce type encore en service en URSS.

Dans sa lettre, M. Diatlov réfute la thèse des autorités soviétiques selon laquelle les opérateurs auraient violé les régles de sécurité. Celles-ci n'existaient pas, affirme l'ingénieur, en faisant remarque que la règle interdisant de faire fonctionner le réacteur durablement en dessous de 700 MW n'a été instaurée qu'après l'accident.

## Des embouts en graphite

Quand l'équipe responsable de la centrale engagea l'expérimentation fatale, elle ignorait également que le nombre de « barres de contrôle » insérées dans le cœur était inférieur au minimum de sécurité. L'affichage du calcul des équivalences ne se trouvait pas dans la salle de commande, mais à cinquante mètres de là. Il était donc impossible qu'elle fût informée à temps.

Mais surtout Anatoly Diatlov révèle que les « barres de contrôle », qui sont destinées à freiner la réaction nucléaire, étaient dotées d'embouts en graphite, dont l'effet a été de déclencher l'excursion de puissance et l'explosion. Bref, c'est le fait d'appuyer sur le bouton d'arrêt d'ugence qui a provoqué la catastrophe !

Outre la violation des règles de sécurité mise en avant par les autorités nucléaires soviétiques, il y avait donc des défauts de conception qui faisaient de la centrale une machine dangereuse en toutes circonstances. La catastrophe et l'expérimentation réalisée ne sont pas la conséquence l'une de l'autre, écrit l'ingénieur : *« Ce réacteur était parfaitement capable d'exploser pendant n'importe quelle autre opération. »*

**E. T.**

Figaro Economique 23 Mai 1991

Dernière image de Tchernobyl, dans l'été 1990, à la télévision française : un groupe d'enfants irradiés à Pripyat invité à passer des vacances en France. Parmi eux, une petite jeune fille d'une douzaine d'années, d'une beauté extraordinaire, blonde comme les blés d'Ukraine avant la catastrophe, les yeux limpides d'un bleu pervenche, une peau translucide et rose comme fleur de pêcher, un ovale du visage et des traits d'une pureté incomparable. Adorable enfant, elle parle dans cette langue russe superbe, on dirait un gazouillis d'oiseau. « Oui, dit-elle, en substance, j'ai été irradiée. Mais pour le moment, je me porte bien, Plus tard, je ne sais pas... » Elle est gaie, elle respire la joie de vivre. Et pourtant, quelle angoisse se cache en elle ? ... Quelle chaîne chromosomique, quels gènes défigurés porte-t-elle sans le savoir au plus profond de ses cellules ?...

Dans l'oratorio de Dimitri Chostakovitch, *Le Chant des Forêts*, écrit sur commande pour l'administration stalinienne, un superbe mouvement intitulé « Promenade dans les Forêts de l'Avenir » est le point culminant de l'oeuvre. Des choeurs d'enfants, des voix fraîches, des timbres purs, donnent une vision idyllique d'un pays béni où la nature et l'homme ne peuvent que vivre dans l'harmonie. Maintenant, dans quelles forêts dévastées pour mille ans, dans quels dangers épouvantables, dans quels risques terribles se déroulera l'avenir de ces enfants, si nous continuons à refuser nos responsabilités pour nous soucier de nos seuls intérêts à très court terme, et surtout, si ne se déchaîne pas enfin toute la sainteté latente de ce peuple héroïque et martyr ?

Je me suis étendu longuement sur ce drame de Tchernobyl, non pas seulement parce que c'est, à ce jour, la plus grande catastrophe atomique « pacifique » de toute l'histoire de l'humanité et qu'il aurait bien pu réaliser cette suppression définitive de l'homme et de son environnement qui est la troisième et la plus terrible proposition dont parle Rinzaï, mais surtout parce qu'il est un modèle exemplaire des entreprises diaboliques et insidieuses de destruction, dont nous sommes les complices.

Il est d'abord exemplaire sur le plan de la technique : des réacteurs dangereux, instables, mal conçus et mal utilisés, des techniciens incompétents, une totale carence des équipements les plus élémentaires de protection et de mesure.

Il est exemplaire ensuite sur le plan des intelligences : des opérateurs mal formés, peu instruits, inconscients des dangers, mal commandés, rudoyés et insultés lorsque tout va mal. C'est le facteur humain, qui a provoqué la catastrophe immédiate. On appuie sur le mauvais bouton, on choisit la mauvaise décision, on s'affole, on crie, on perd un temps précieux. Plus tard, bien sûr, on a pris des sanctions, on a exclu du parti et privé de leurs fonctions des vice-ministres, des directeurs. Brioukhanov, Fomine et Diatlov ont eu dix ans de prison, et d'autres lampistes ont été condamnés.

Il est exemplaire encore, sur le plan moral : les vrais responsables, ceux qui ont conçu les réacteurs instables, ceux qui ont continué à les utiliser sur d'autres sites, les académiciens, les directeurs qui affirmaient toujours, contre toute évidence, que la sécurité de l'atome était absolue ou que la catastrophe n'avait été qu'un incident sans gravité réelle, ou ceux qui avaient nommé par protection des incapables à des postes de haute technicité, tous ceux-là continuent à sévir. Mille bébés, leurs plus innocentes victimes, ceux des femmes enceintes de

Pripyat, avortées sur ordre, ont été, eux, condamnés à mort sans rémission.

Les nuages noirs de la contamination intellectuelle et morale ne s'étendent pas seulement sur les plaines souillées de l'Ukraine, mais sur notre globe tout entier. Quand cesserons-nous de nous délabrer nous-mêmes et de courir à notre perte en même temps qu'à celle du monde qui nous entoure ?

Il est exemplaire enfin, ce drame, sur le plan des rapports de l'homme avec cet incommensurable environnement spirituel qui l'englobe et le détermine. On assiste depuis quelques années, depuis Tchernobyl, peut-être, près de cette ville sainte de Kiev où naquit la spiritualité russe, à un renouveau du mysticisme slave qui donna tant de valeurs au monde. J'ai sous les yeux un chef d'oeuvre de la peinture ukrainienne médiévale, l'icône de la « Bogoroditza », « la Mère de Dieu ». Elle est aussi « Korskounskaïa », « Mère de tendresse ». En 988, lorsque le Prince Vladimir eut été baptisé, c'est avec cette icône qu'il fut béni pour la première fois. Il la ramena à Kiev, sa patrie, pour invoquer sa protection sur tout le peuple russe qui, à sa suite, s'apprêtait à recevoir le baptême.

Elle exprime par son regard à la fois joyeux et douloureux vers son fils et vers tous les hommes, ce grand mystère de la maternité divine. « Quand je suis triste, disait Saint Serge de Radonège, la Mère de Dieu pleure avec moi, quand mon âme est joyeuse, la Mère de Dieu sourit avec moi, quand je me sens pêcheur, la Mère de Dieu intercède pour moi. »

Victimes aussi bien que responsables, de tous les Tchernobyl et de toutes les semences de ruine qui s'accumulent diaboliquement dans notre monde, ce dont nous avons besoin, avant toute chose, c'est de retrouver cette force inépuisable de l'Amour par l'intermédiaire de toutes ces Mères de tendresse qui nous entourent dans toutes les spiritualités du monde.

Voici comment prie maintenant Alexandre Soljenitsyne, après le goulag et du fond de son exil :

« Aujourd'hui, à mesure de ma soif
Je puise à la source de la vie.
O Dieu de l'Univers ! J'ai de nouveau la foi !
Moi, je t'avais renié, et Tu ne m'as pas fui ! »

Je vois aujourd'hui un feu mille fois plus puissant que celui du coeur atomique de Tchernobyl. Je le vois tout prêt à jaillir du coeur éclatant du Mystère de la Vie et de l'Amour, je le vois projetant dans le monde ses rayonnements spirituels, je vois fuir les fantômes d'un terrible passé et s'élaborer les prémices d'un avenir radieux, je vois tous les êtres baignés de cette lumière divine qui va les transfigurer et leur faire enfin retrouver leur vraie nature.

Je vois l'âme russe si belle et si limpide, mais si longtemps écrasée, torturée, avilie, réduite en esclavage, qui se réveille enfin de sa longue nuit d'angoisse et qui nous aidera peut-être, forte de toutes ses épreuves, à sortir de l'Ere de Destruction où nous sommes plongés.

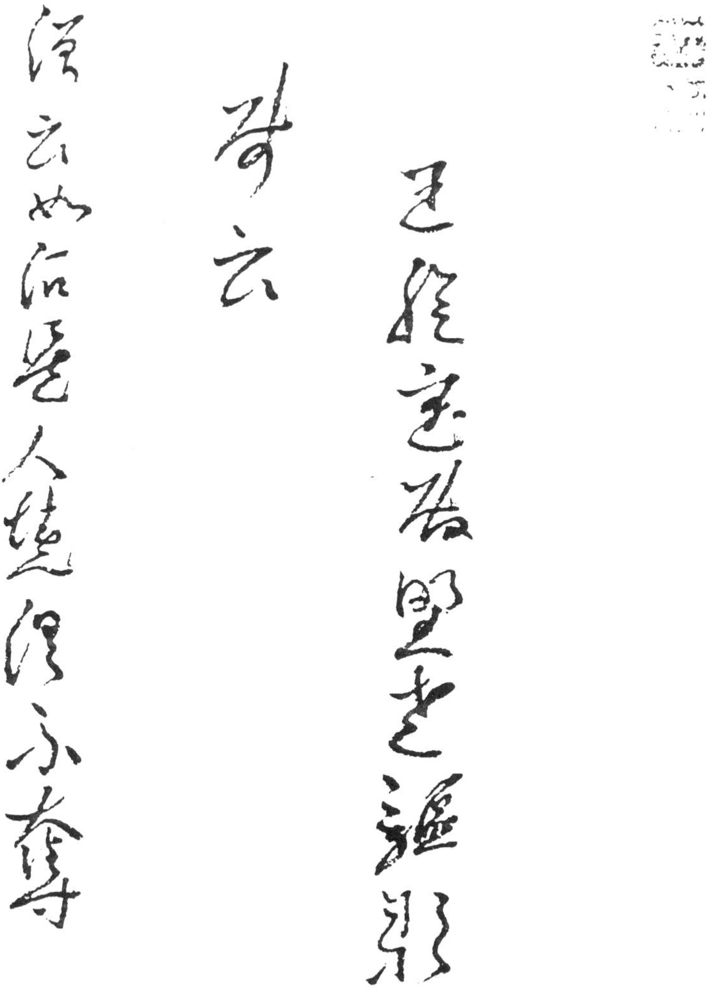


« Le moine dit :

– Qu'est-ce que ne supprimer ni l'homme, ni l'environnement ?

Le Maître dit :

– Le Roi monte dans son palais empli de trésors ; dans les campagnes, les vieillards chantent des poèmes. »

## Quatrième question :

« Le moine dit :

– Qu'est-ce que ne supprimer ni l'homme, ni l'environnement ?

Le Maître dit :

– Le Roi monte dans son palais empli de trésors ; dans les campagnes, les vieillards chantent des poèmes. »

« Ne supprimer ni l'homme ni l'objet, commente Paul Demiéville, c'est les concilier ou les transcender, c'est le retour à la réalité, sa réinstauration après la critique de la connaissance, c'est un réalisme non plus naïf mais sublimé : démarche bien connue dans toutes les mystiques... » Et il ajoute : « ... Ce *retour* joue un rôle essentiel dans la pensée de Lin-Tsi qui ne cesse de protester contre l'attachement aux idéaux abstraits et contre les théories gratuites... »

La réponse de Rinzaï au moine est beaucoup moins compliquée, mais beaucoup plus subtile, beaucoup moins philosophique, mais bien plus spirituelle que ce savant commentaire. Elle nous donne d'abord une image merveilleusement colorée, idyllique à souhait, comme une fresque de Fra Angelico, de ce que serait le monde si l'homme et son environnement vivaient en harmonie. Symboles de cette symbiose parfaite, le Roi et les Joyaux, les vieillards et les poèmes, le palais et la campagne.

僧 le moine

云 parler

如何 comment

是 cela

人 homme

境 environnement

俱 ensemble

不 ne pas

奪 supprimer

師 le Maître

云 parler

王 le Roi

登 monter

寶 trésor

殿 palais

野 campagne

老 vieillards

謳 chanter

歌 poèmes

La manière dont on écrit le Roi, en chinois, est, à cet effet, significative.

C'est un idéogramme très simple : trois traits horizontaux parallèles et un trait vertical qui les unit. Le trait horizontal du haut symbolise le ciel, celui du milieu, l'homme et celui du bas, la terre.

Le Roi unit le ciel, la terre et l'homme. Ainsi se trouve défini son rôle idéal, ainsi se trouve défini le rôle que devrait assumer tous ceux qui, dans le monde, se sont vus charger de la moindre parcelle de responsabilité, tous ceux qui règnent sur le moindre domaine de la vie. Ce Roi, déjà investi de cette mission d'unificateur de l'Univers par sa destinée spécifique, monte dans son palais : c'est l'image par excellence d'un itinéraire initiatique, d'une longue montée vers le trésor mystique, le joyau essentiel, le Saint Graal caché au tréfonds de notre être. Nous sommes enfin arrivés : c'est là ! Oui, ce palais, c'est « bhavâgra », « la cime de l'existence », « bhûtakoti », « le fin bout de l'être » où il est édifié. C'est là où nous mène notre ascension, c'est vraiment là, dans l'unité parfaite, et non dans la suppression totale que préconisait tout à l'heure la troisième proposition et son nihilisme destructeur. C'est là enfin que nous découvrons avec ravissement, le joyau, la fine pointe de l'âme, la petite étincelle divine, « das Fünkelin der Sêle » comme dit Maître Eckhart. Et de cette découverte de soi naît immédiatement la joie de l'environnement, la joie de vivre des vieillards-poètes, symboles de l'accomplissement de l'homme à travers toutes les épreuves et les mutations qui sont le mystère de la vie, symboles d'une arrivée joyeuse au seuil de l'étape décisive.

« J'ai souvent dit, - Maître Eckhart -, qu'il y a dans l'âme une puissance qui n'a pas de rapport avec le temps ni avec la chair ; elle flue de l'esprit et demeure dans l'esprit, elle est absolument spirituelle. Dans cette puissance, Dieu verdoie et fleurit en toute la joie et tout l'honneur qu'il est en lui-même. C'est là une telle joie du coeur que personne ne peut l'exprimer pleinement... »

Cette puissance indéfinissable qui est en nous, que Maître Eckhart appelle de même le « Bürgelin », le « château-fort », ou encore « Grunt », le fond, le fondamental, c'est-à-dire aussi « le trésor », où se trouvent unis sans discussion, l'homme fondamental et l'environnement cosmique, il faut pour en avoir la connaissance réelle, une longue marche, une longue patience, beaucoup d'opiniâtreté, beaucoup d'épreuves, beaucoup d'humilité, une grande confiance en soi, une grande attention au monde et aux autres, et s'astreindre à un difficile entraînement. Nous avons vu que l'homme, dans tous ces domaines, était capable du meilleur comme du pire. Nous avons vu qu'avec les intentions les plus pures, des déviations graves étaient toujours possibles. Mais nous avons vu également que sur des chemins jalonnés d'erreurs nous pouvons cependant progresser vers la vérité. Dôgen disait au XIIIème siècle que même la vie d'un maître de zen authentique pouvait être une suite continue de « shoshaku jushaku », ce qui veut dire une succession « d'erreurs sur erreurs ». Il disait aussi qu'il fallait toujours garder « l'esprit de débutant ».

C'est pourquoi, quel que soit le niveau d'évolution où nous pensons être parvenus, il faut toujours nous garder de nous croire « arrivés ». Tel est le sens du conseil que nous donne Dôgen. Il faut toujours, à tout moment, être prêt à repartir pour aider les autres dans leur ascension.

D'un pied ferme, engageons-nous donc sans attendre sur la Voie de l'Unité de l'Etre, c'est-à-dire sur la Voie de l'harmonie de l'homme et de son environnement. Elle est la seule Voie possible, la seule qui peut mener au bonheur, loin des réalismes fallacieux d'élimination de l'homme au profit exclusif de l'environnement, loin des idéologies draconiennes de suppression de l'environnement au profit exclusif de l'homme, loin des nihilismes destructeurs de l'homme et de l'environnement solidaires dans un malheur inéluctable. Il en est grand temps, si nous voulons éviter les catastrophes dont nous avons eu déjà des aperçus. Il est grand temps de réviser et d'élargir toutes nos conceptions anciennes – limitées bien souvent à l'énumération et à la déploration des pollutions physiques – sur cette science nouvelle de la vie et du monde à laquelle nous avons donné le nom moderne d'*écologie*. Et cette remise en cause doit se faire dans le sens d'une dynamique de l'existence qui engloberait dans sa totalité et dans son unité et l'homme et l'environnement.

L'homme en marche dans l'espace et le temps infinis, telle est la définition de l'humanité nouvelle qui nous reste encore à découvrir.

« Nous ne prêtons facilement et exactement attention à nos sensations, disait Helmoltz, le père de l'ophtalmologie moderne, qu'en tant que nous pouvons les utiliser pour reconnaître des objets extérieurs ». Déjà, au niveau de nos rapports avec notre environnement physique, il nous faudrait être beaucoup plus attentifs. Certes, les prises de conscience récentes des nouveaux écologistes, même lorsqu'elles sont maladroites et souvent inadéquates, certes, toute cette montée d'une nouvelle inquiétude qui commence enfin à s'intéresser à autre chose qu'à son petit ego, qui commence enfin à s'apercevoir que le monde existe, que les autres existent, sont des éléments favorables qui pourraient servir à l'éducation de base indispensable à la conservation de notre espèce. Nous prêtons maintenant plus facilement et plus exactement attention au monde pour lui-même, et non plus seulement pour reconnaître en lui ce que nous pouvons utiliser pour nos profits personnels.

Connaître et comprendre le monde qui nous entoure est donc le premier devoir auquel, dès que nous sommes sortis du milieu maternel, nous nous trouvons confrontés. Puis, nous constituons peu à peu nos archives, nous établissons peu à peu les références de comportement qui seront les nôtres toute notre vie. Dès l'enfance, tout est enregistré, et l'âge adulte ne fait que mettre en formes apparentes les archétypes de relations humaines que l'éducation nous a permis d'accumuler. D'où l'importance extrême du rôle des enseignants qui, détournés par des tâches dérivées et secondaires, de plus en plus ingrates et contraignantes, ne savent pas toujours faire apprécier aux jeunes intelligences dont ils ont la charge les merveilles qui les entourent ni leur en donner l'amour et le respect. La plupart du temps, les « leçons de choses » sont ramenées à leur aspect purement extérieur, les « leçons de morale » de notre enfance n'existent plus, et la grande innovation de notre époque, les « cours d'éducation sexuelle » réduisent élémentairement la sexualité à la sphère génitale. Peut-être que ce qui manque le plus à notre civilisation actuelle, c'est précisément cette conscience de la globalité des phénomènes vitaux et le sens de leur fondamentale *interdépendance*. Nous savons très bien, beaucoup mieux qu'autrefois, analyser les données des problèmes de l'existence, mais les essais de synthèse en manquent terriblement d'élévation. Comment expliquer autrement que nous ayons tant d'illettrés en esprit, qui connaissent assez bien les lettres de l'alphabet de la vie, mais ne savent pas s'en servir ?

Il nous faut donc d'abord retrouver, aux stades les plus élémentaires, le sens de notre présence au monde. Ces peuples que l'on dit primitifs et que nous persécutons de plus en plus, peuvent encore nous donner des leçons. Que de coutumes ont disparu, qui affirmaient dans les gestes de tous les jours l'harmonie de l'homme et de l'environnement, dans sa famille, sa société, son milieu vital, sa présence au monde, son sens métaphysique naturel. Le Père Tchouanga, prêtre catholique d'une petite mission du Cameroun, rappelait que, même dans les temps les plus reculés, les actes de la vie de toute société avaient *une base spirituelle.*

« Il ne serait jamais venu à l'idée de l'enfant, écrit-il, de s'asseoir sur le fauteuil de son père, ni de recevoir un don avec une seule main. Le voisin pouvait sans avoir été invité solennellement, recevoir une portion de la ration de la famille. On était prodigue de bonjours et de poignées de mains. Bref, hanté par le désir de Dieu, l'homme cherchait ce dernier quotidiennement à travers sa noble image ».

Tout est dit dans cette phrase, du respect que nous devons avoir pour la présence divine qui nous entoure. Mais le Père Tchouanga déplore les évolutions modernes:

« L'Africain jeté dans un monde sans Dieu aspire vainement à une oasis spirituelle en lui-même. Il ne trouve plus l'Afrique d'hier où *tous les actes de la vie étaient des expressions théologiques* ».

« Un savant, un penseur, un artiste, un réformateur social, renchérit Paul Evdokimov, devraient retrouver les charismes du sacerdoce royal... A sa manière, la culture rejoint la liturgie, fait entendre la liturgie cosmique, la culture devenant doxologie... » *

Lorsque j'habitais à Kyoto, en 1956, j'allais souvent prendre des leçons de fleurs au Temple Daikaku-ji, à l'ouest de l'ancienne capitale, près de la petite ville de Saga. Il me semblait que cet art était, plus que tout autre, un moyen privilégié de se trouver en communion avec la nature, en rendant hommage à ses plus belles manifestations. L'aspect spirituel aussi ne laissait pas de me séduire, depuis que j'avais lu les dix préceptes qu'un ancien Maître de fleurs avait donnés à ses disciples :

« – de l'infiniment grand à l'infiniment petit, tout est mis en relations spirituelles par la Voie des Fleurs ;

– gardez le « rien » mu-shin 無心 dans votre coeur, vous recevrez tout ;

– si votre esprit est calme et pur, vous pouvez tout trouver sans penser ;

– chassez toute crainte ;

– respectez et ménagez les plantes et toutes les autres créatures ;

– aimez et honorez tous les hommes ;

– occupez harmonieusement le lieu où vous vous trouvez ;

– gardez un esprit religieux en arrangeant les fleurs ;

– unissez corps et esprit ;

– renoncez à vous-même. »

---

* De doxa δόξα, gloire et logos λόγος parole : louange divine (in : Paul Evdokimov, *L'amour fou de Dieu*).

Le but des fleurs, me disait-on aussi, c'est de réaliser *l'unité avec le coeur des fleurs*, donc l'unité avec la vie cosmique.

L'un des plus beaux, parmi ces préceptes, en tout cas l'un des plus adaptés à notre époque moderne et aux difficultés de notre vie en société, me semblait être le septième : « Occupez harmonieusement le lieu où vous vous trouvez ! » C'est ce qu'en d'autres termes, Rinzaï essayait de faire comprendre aux grouillantes « larves malignes » qui étaient ses disciples et qui se tortillaient en tous sens.

« Vous qui voulez tant étudier auprès des autres en vous agitant ici et là comme les vagues de la mer, vous en serez toujours au même point, même après des temps infinis. Vous feriez mieux de vous calmer et de vous asseoir tranquillement dans le monastère, les jambes croisées sur un coin de la banquette de méditation ! »

C'est vrai que depuis les temps les plus reculés, l'homme est atteint d'une perpétuelle bougeotte, cherchant ailleurs avec une grande inquiétude ce qui se trouve en lui-même, à sa portée. Sur le plan spirituel, cette effervescence souvent incohérente, cette perpétuelle insatisfaction peuvent être les premiers mouvements balbutiants d'un travail sur soi-même qui se cherche avec sincérité, mais ils sont parfois aussi le signe d'une grave maladie de l'ego que dans le zen on appelle « sanran », l'esprit dispersé, par opposition à « konchin » qui est au contraire la torpeur, la routine stérile. Saint Benoît appelait ses moines qui en étaient atteints les « gyrovagues ». Que de fois ai-je essayé de remettre sur les rails des velléitaires de cette sorte. Et que d'énergies dépensées en pure perte dans des tentatives de stabilisation souvent vouées à l'échec parce qu'il s'agit plus de curiosités successives que d'une recherche spirituelle véritable. Il faut alors attendre avec patience, attention, prudence et discrétion que la volonté d'aboutir se manifeste enfin.

Un jour, se présente une dame d'âge moyen qui déclare qu'elle veut « essayer le zen » !

– « Vous comprenez, me dit-elle, j'étais catholique, mais au bout de quelque temps, cela ne m'a pas plu et je suis devenue protestante. Mais, dans le protestantisme, il y a beaucoup de choses aussi qui ne me satisfaisaient pas, alors j'ai opté pour la religion orthodoxe. Comme cela n'allait toujours pas, je me suis convertie à l'islam. Mais, l'islam, ce n'est pas tellement bien. Alors, je voudrais voir avec le zen... »

Je lui citai le poème de Po-Mou, le poète chinois presque contemporain de Rinzaï :

« Vos cils sont devant vos yeux
Et vous ne les voyez pas.
La Voie n'est pas hors de votre esprit,
Pourquoi la chercher ailleurs ? »

Mais cela ne marcha pas non plus...

« Occuper harmonieusement le lieu où l'on se trouve » c'est donc presque naturellement reconnaître la Voie, la Vérité et la Vie qui sont en nous. C'est aussi observer dans le même temps tous les autres préceptes. C'est enfin appliquer la quatrième proposition de Rinzaï et pratiquer à tous les niveaux cette Nouvelle Ecologie dont je veux parler : au niveau physique, au niveau intellectuel, au niveau spirituel, au niveau métaphysique. Ainsi, l'homme et l'environnement pourront évoluer vers leur unité. Telle doit être la base de l'éducation que nous avons le devoir de transmettre.

On m'avait cité aussi les « cinq préceptes sur la vertu des pierres » qu'avait écrit à 90 ans un autre moine zen créateur de ces jardins minéraux que l'on voit toujours à Kyoto, où les rochers et le gravier blanc symbolisent l'univers :

_ la beauté et le mystère de ses formes s'expriment dans le silence, telle est la pierre ;

_ son esprit est immuable, sa puissance sans limites, profondément enracinée dans le sol, elle devient le squelette de la terre, telle est la pierre ;

_ sous la pluie et le vent, dans le froid comme la chaleur, elle reste impassible, telle est la pierre ;

_ solide et forte, elle soutient les grand édifices, telle est la pierre ;

_ silencieuse, elle embellit montagnes et jardins et pacifie le coeur de l'homme, telle est la pierre.

Le temple Daikaku-ji 大覚寺 était la maison-mère d'une branche ancienne du bouddhisme Shingon japonais. Il fut, à l'origine, un palais impérial et c'est un empereur retiré du monde qui, au IXème siècle, le transforma en temple, pour y mener jusqu'à sa mort, une vie de prière et de méditation. D'autres empereurs devenus religieux y vécurent au cours des siècles suivants, y moururent en odeur de sainteté et, finalement, l'usage s'établit que tous les supérieurs fussent des membres de la famille impériale ou de la haute noblesse du Japon. C'était donc un endroit privilégié, chargé d'histoire et de spiritualité.

Mon maître de Fleurs, était un moine, il s'appelait Kawahara Ikkô Kaishun. Il était alors le chef de l'école Moribana-Saga.

Il dispensait son enseignement, quand le temps le permettait, sur une terrasse de bois qui s'avançait sur un étang où s'épanouissaient des lotus. On appelait cette pièce d'eau le lac Osawa, elle était célèbre parce qu'elle était le seul vestige qui restait des jardins du IXème siècle et qu'elle avait inspiré les poètes de l'époque. De l'autre côté, la terrasse donnait accès aux plus anciennes salles du temple où l'on pouvait admirer, trésors nationaux, des peintures anciennes de l'école Kano.

Nous étions agenouillés autour du Maître et de son assistant, silencieux, admirant la précision et la douceur des gestes. Car la douceur était la base de son enseignement. Ainsi réprouvait-il l'usage des pique-fleurs qui traumatisent le coeur des fleurs. C'est avec des gestes très mesurés qu'il rectifiait la courbure d'une tige et c'est presqu'en s'excusant qu'il régularisait une longueur ou qu'il élaguait un rameau superflu.

Il disposait, ce jour-là, dans un vase de bronze sept chrysanthèmes jaunes. Il avait d'abord longuement regardé l'élégant vase chinois ancien au col évasé, à la patine d'un beau brun-rouge profond qu'on lui proposait. Puis il avait pris chaque fleur, une par une, délicatement, la faisant tourner entre ses doigts sous les rayons du soleil couchant, appréciant la forme, la couleur, le port, la personnalité et décidant du rôle que chacune aurait à tenir dans la composition finale.

Lentement, tout s'organisa suivant le schéma triangulaire classique, la branche du haut qui symbolise le ciel, celle du bas qui représente la terre et celle du milieu qui est l'homme. Les quatre autres fleurs venaient se placer tout naturellement comme les assistantes et les intermédiaires des principales. Tout y était comme par miracle : les proportions des fleurs entre elles, leur accord parfait avec le vase, avec nous qui regardions, avec l'univers qui nous entourait. Nous vivions expérimentalement par les fleurs, l'harmonie cosmique. Lorsque tout fut fini, après une dernière retouche de principe – je notais qu'il effleura à peine son oeuvre achevée mais fit par humilité le simulacre d'un dernier repentir –, il se recula légèrement et resta silencieux, les yeux fixés à travers l'âme des fleurs sur l'âme universelle. Et, juste à ce moment-là, le soleil qui se couchait lança son dernier rayon réfléchi par le lac sur la fleur principale, celle du ciel, puis il disparut. Et l'Homme resta dans son rôle d'intermédiaire entre la Terre et le Ciel. Le Roi était monté en son palais. Il avait vu la pierre précieuse. Dans les campagnes, les vieillards joyeux participaient à ce grand oeuvre d'harmonie universelle en chantant des poèmes.

« Il suffit d'une fleur, dit un proverbe japonais, pour que ce soit le printemps dans l'univers tout entier ».

C'était le printemps, nous remontions la vallée de la Wehra, affluent du Rhin. Le Rhin que nous venions de traverser, près de Bâle, défiguré par les usines, mousseux de produits chimiques inassimilables, tous ses poissons morts, les berges sales, un ciel noir de suie, un air nauséabond. Dans les journaux, on faisait état de controverses, de procès à n'en plus finir. Suisse d'un côté, allemand de l'autre, il n'était plus, en ces lieux, le beau fleuve romantique des légendes. Les industries rivales des deux pays s'étaient unies pour le corrompre. Mais dès que la route se fut engagée dans la vallée tortueuse où le torrent bondissait sur son lit de cailloux, où les sapins et les mélèzes unissaient le vert sombre de leurs aiguilles au vert clair des jeunes feuilles de chêne fraîchement écloses, nous comprimes aussitôt que le printemps, jusque là occulté, régnait vraiment dans toute sa splendeur. Il suffisait d'une rivière pure, d'une vallée qu'un hasard heureux avait laissée à l'écart de nos outrages pour qu'il se manifeste sans la moindre rancune, avec une générosité que nous ne méritions probablement pas. Pour nous, cette vallée s'offrait aussi comme un chemin initiatique qui nous menait vers le hameau de Rütte, en Forêt Noire où vivait encore à l'époque Karlfried Graf Dürckheim. De ces entrevues que nous eûmes, alors qu'il était déjà dans son grand âge, je ne pourrais me lasser de parler, bien que nos paroles échangées eussent été de moindre importance que les instants de silence fraternellement partagés au début et à la fin de nos rencontres. Dans son chalet de bois aux plafonds bas, nous gravissions à sa suite l'escalier raide qui menait à son bureau encombré de livres et de souvenirs du Japon de sa jeunesse. Il s'asseyait à sa table, allumait une bougie avec une dextérité qui, sachant qu'il était alors aveugle, nous surprenait toujours. Nous restions d'abord quelques minutes immergés dans cette forme hautement différenciée du dialogue qu'est le silence. Il y avait toujours là une rose, fleur unique dans un vase.

_ « Regardez cette rose, disait-il souvent. Non, pas comme cela, regardez-la vraiment ! Ecoutez ce qu'elle vous dit ! »

C'était vrai que la rose nous parlait à travers le silence.

Le Maître de Fleurs au Temple Daikaku-ji.

Il suffit d'une fleur
pour que ce soit le printemps
dans l'Univers tout entier.
(Proverbe japonais)

Elle nous disait tout de la beauté et de la vie. Il n'y avait vraiment rien à ajouter. Elle créait le printemps dans tout l'univers.

Nous parlions souvent de l'unité qu'il fallait trouver en nous et autour de nous, à travers les ressemblances et les différences qui caractérisaient les spiritualités d'Orient et d'Occident que nous connaissions et que nous pratiquions. Comment harmoniser ces héritages spirituels ?

« Vous connaissez cette histoire qui dit : au commencement les prés sont verts, quand on fait l'expérience, le vert disparaît, et quand on est passé à travers l'expérience, le vert redevient encore plus profond. Au commencement du chemin initiatique, il y a le moi existentiel qui s'oppose et qu'il faut savoir perdre, sacrifier pour pouvoir s'approcher de l'Etre. Puis, quand on est devenu capable de plonger dans l'Etre, il n'y a plus de moi existentiel. Cela, c'est bouddhiste : l'homme sur le chemin aboutit dans l'expérience de la Grande Lumière et il n'y a plus rien que cette fusion dans la Grande Lumière. Mais pour nous Occidentaux, il ne faut pas s'arrêter là : c'est notre moi existentiel et non l'Etre qui revient pour témoigner de l'Etre. A la fin du développement initiatique, c'est donc à nouveau l'homme naturel dans son être existentiel qui devient capable de ne pas lâcher le fil d'or qui le relie à l'Etre, mais d'en témoigner dans le monde... Il est important de faire l'expérience de la Grande Lumière, mais pas pour rester pris dans la Grande Lumière. Il faut prendre l'expérience non comme une fin mais comme une base, comme la source d'une vie humaine sur terre qui témoigne. Cette expérience de la lumière est une expérience d'amour. *Il n'y a pas d'expérience de l'Etre sans amour*, sans l'évocation de l'amour, sans l'approfondissement de l'amour. »

C'est vrai que tout l'amour de la vie s'imposait à nous, à travers les paroles et les silences de Karlfried Graf Dürckheim. Il n'y avait rien à ajouter. Il suffit d'un homme pour créer le printemps dans tout l'univers.

La plaine de Kedu dans Java central est un ancien cratère immense. Ce qui domine là, maintenant, c'est la couleur verte, tant est devenue fertile cette lave volcanique refroidie qui avait pourtant à son époque tout détruit sur son passage. Il n'est pas impossible, la nature nous en donne l'exemple, que les époques de destruction puissent devenir avec le temps, des ères de fertilité. Mais saurons-nous attendre et préparer cet avenir ? Saurons-nous nous accorder au rythme des puissances telluriques, saurons-nous suffisamment nous harmoniser avec les énergies cosmiques ?

Le vert, couleur de l'espérance, celui très tendre des jeunes rizières et des bois de cocotier, les céladons des palmes, les verts foncés des feuillages de l'acajou, les verts véronèse, les verts émeraude, les verts malachite, d'une végétation partout exubérante accompagnaient et enveloppaient notre progression vers ce haut lieu de l'histoire spirituelle de l'humanité qu'est la colline sculptée de Borobudur, « mandala » de pierre. Nous avons suivi le chemin traditionnel des pèlerins du VIIème et du VIIIème siècle, nous avons dépassé la base cachée, « sphère des désirs inassouvis », puis nous avons parcouru entre ses parois sculptées, les deux mille cinq cents mètres de la « sphère de l'abandon des désirs, mais des formes conservées », nous élevant, à chaque tour, d'un étage et d'un degré dans la connaissance qu'illustrait progressivement la suite ininterrompue des images édifiantes de la vie du Bouddha ou des grands personnages du bouddhisme primitif.

Enfin, nous étions arrivés au terme du voyage. Nous étions arrivés sur les terrasses circulaires d'où nous pouvions contempler sans limites la plaine et le monde. Nous étions arrivés enfin à « la sphère du détachement ». Les formes sont abandonnées, mais pourtant, pour trois étages encore, dans des pagodes de pierre ajourées en forme de cloches, trône la statue d'un Bouddha du Zénith, celui qui « met en marche la roue de la Loi ». Elles inscrivent sur ces plate-formes rondes une ponctuation régulière et délimitent l'espace aréolaire retrouvé. Au-delà, le panorama est libre, comme est libre notre esprit purifié par la difficile ascension dans l'univers des formes. A tout moment, cependant, nos regards furtifs peuvent encore se glisser, comme pour un dernier recours, à travers les ouvertures parcimonieuses des pagodes où, dans l'ombre paisible, les silhouettes de l'Eveillé éternellement assises dans l'immuabilité du roc, nous montrent par le geste de leurs mains la spirale mystique, symbole de la vie cosmique.

Encore un effort, plus haut, toujours plus haut, et, sur la dernière plate-forme, au centre de tout, l'immense stupa terminal entièrement fermé repose sur une base de pierre en forme de lotus.

A l'intérieur, il n'y a rien, plus que le *Rien*. C'est l'aboutissement de notre longue quête, de notre longue recherche sur la Voie, *la Voie de l'Unité de l'Homme et de l'Environnement.*

Au terme de tous nos voyages initiatiques, quelles que soient les formes qu'ils aient pu prendre, nous sommes finalement confrontés au *Vide*, à la parfaite vacuité. Tous les mystiques de tous les temps et de tous les pays, de toutes les religions et de toutes les spiritualités sont d'accord sur ce point à la fois final et initial. Tous ont trouvé au bout de leur chemin, au moment de faire le dernier pas qui les sépare encore d'une vie toute nouvelle, ce Vide qu'il leur faut apprendre enfin à reconnaître.

Le Vide dont nous parlons ici, loin d'être une absence est au contraire la présence essentielle en nous et autour de nous de la réalité. Il n'est pas seulement l'absence de suppression simultanée de l'Homme et de l'Environnement, suivant le mot à mot du texte chinois ancien, mais c'est lui qui crée véritablement l'Unité de L'Homme et de l'Environnement. Il est bien la pierre précieuse que trouve le Roi montant en son palais, il est bien le sujet unique des poèmes que chantent les vieillards dans les campagnes où règne un éternel printemps.

Nous devrions être familiarisés avec le Vide, puisqu'il nous constitue nous-mêmes jusqu'au plus profond de notre être. Nos atomes sont faits de vide dans leur presque totalité. Si le noyau d'un atome d'hydrogène avait la taille d'une bille, son électron unique serait en proportion sur une orbite d'un kilomètre de rayon. Si nous pouvions nous condenser à l'extrême, supprimer complètement le vide de notre corps, nous ne serions plus visibles à l'oeil nu. Nos particules infra-atomiques évoluent dans ce vide immense où nous pouvons déjà les mesurer, mais il nous a fallu trouver des unités nouvelles, en ajoutant des puissances négatives par dizaines aux plus petites mesures dont nous disposions. Leur fractionnement et leurs combinaisons se sont multipliés : ainsi, nous avons découvert que dans les noyaux, il y avait des protons et des neutrons, qu'ils étaient eux-mêmes formés par des combinaisons de quarks de différents types auxquels nous avons, dans le même temps, trouvé des noms correspondant à leur personnalité : dans nos familles quarks, certains se prénomment « charme », « beauté », ou encore « bizarre », « celui du haut », « celui du bas », et même « vérité ». Certaines particules peuvent vivre un milliardième de seconde, d'autres, plusieurs milliards d'années. Au sein de leur vide, elles naissent, elles meurent, elles se transforment, elles échangent leurs énergies, dans des champs d'activités, de vibrations, d'influences dont nous commençons seulement à avoir une idée fragmentaire. Et chaque jour, nous découvrons des particules et des énergies et des interactions nouvelles, et chaque jour nous restons de plus en plus émerveillés par la beauté et la complexité de ce vide qui nous constitue jusque dans l'infiniment petit de nos éléments essentiels. Et plus nous avançons dans la connaissance de ces structures que nous pensions insécables, plus nous descendons dans les nombres infinitésimaux de leurs profondeurs, plus nous trouvons de nouvelles dimensions du Vide, plus nous nous sentons en présence de cette puissance inexprimable à laquelle nous essayons de donner des noms : « la Grande Lumière », « l'Etre », « l'Etre Primordial », « la Vie Cosmique », « Dieu »...

Nous devrions être familiarisés avec ce Vide, puisqu'il constitue dans les mêmes proportions mais à une autre échelle, l'Univers dont nous faisons partie, cet environnement que nous apprenons à connaître. Les distances entre les planètes de notre système, et plus encore celles qui nous unissent aux autres systèmes, aux astres, aux galaxies, aux amas de galaxies sont tellement considérables que nous avons peine à les imaginer : nous avons été obligés d'inventer des unités de mesure qui dépendaient du temps que met leur lumière à nous parvenir, des années, des siècles, des millénaires-lumière. Et plus nos moyens d'exploration se perfectionnent, plus nous avons la surprise de découvrir de nouveaux espaces, de nouvelles énergies, de nouvelles attractions, dans des immensités incommensurables. Voici qu'un nouveau télescope, mis en orbite non sans difficultés, pourra peut-être, s'il fonctionne un jour, multiplier par dix notre vision du cosmos. Et déjà nous trouvons à quatre milliards d'années lumière une nouvelle étoile dont nous voyons l'image telle qu'elle était à l'époque où notre Terre était encore un magma indifférencié. Dans ces étendues sans bornes, le Vide règne en principe absolu car il n'est pas ce qui sépare, *mais ce qui unit.* Et plus nous progressons dans les nombres démesurés de ces structures qu'il y a peu nous imaginions encore limitées, plus nous nous sentons en présence de cette puissance inexprimable à laquelle nous essayons de donner des noms : « la Grande Lumière », « l'Etre », « l'Etre Primordial », « la Vie Cosmique », « Dieu »...

Beaucoup, en Occident, disent que la nature a horreur du vide. Cela vient de ce que l'on donne généralement au vide un sens négatif qui dirige inéluctablement vers de redoutables impasses ou d'apocalyptiques absurdités. Dans le monde de notre petit ego, ce monde de l'avoir qui cherche avidement à augmenter toujours davantage les honneurs futiles, à jouir toujours davantage des plaisirs fugitifs, c'est au vide négatif de l'*absurdité* du monde qui nous empêche de profiter comme nous le voudrions de nos richesses, c'est au vide négatif de la *solitude* qui nous prive sans indulgence de nos hégémonies, c'est au vide négatif de la *mort* qui emporte tout inévitablement, que l'on se trouve finalement confronté. Toujours davantage, toujours davantage, toujours davantage ! ! ! Ainsi s'écroule tout notre environnement. Angoisse de l'absurdité, angoisse de la solitude, angoisse de la mort, les trois angoisses dont me parlait si souvent Dürckheim. expériences effrayantes, destructrices, où la vie n'a plus de sens, où l'existence n'est qu'une farce grotesque, humiliante et terrifiante. Si l'on en reste là, il est vrai qu'il n'y a que peu d'espoir de découvrir le vrai visage de l'Homme et de l'Univers. Il y a rupture, déséquilibre, dysharmonie, désunion. Tel se présente parfois le premier visage redoutable du vide, au seuil de renaissances que nous ne soupçonnons pas encore, à l'orée de découvertes qui restent encore à faire.

A la porte des temples, au Japon, en Chine, on est généralement accueilli par les statues monumentales des Rois Gardiens. Leurs visages grimaçants, les armes qu'ils brandissent, leurs attitudes menaçantes semblent nous dire : « N'allez pas plus loin, ne franchissez pas cette porte... » Ils symbolisent les trois angoisses principales que véhicule notre petit ego dans notre petite vie du monde de l'avoir. Pas plus que nous ne nous laisserons impressionner par les Rois gardiens, nous ne devrons nous attarder, avant le passage, dans les brouillards incertains de nos attachements équivoques où naissent les fantômes de destruction. Nous devrons passer la porte et déjà nous apercevrons, comme l'étang aux lotus des Monastères symboles de la paix retrouvée, la vie nouvelle du monde de l'Etre. Nous comprendrons que ce Vide positif n'est plus une absence mais la Plénitude, qu'il ne nous sépare plus de notre Environnement mais nous unit à lui. C'est dans ce même esprit que Dôgen avait écrit et placardé au seuil de son Temple de la Grande Paix cette injonction que, dans ma jeunesse, je n'avais pas laissé de trouver trop draconienne mais qu'avec l'expérience, je reconnais comme essentielle :

« Ceux qui sont concernés par les problèmes de vie - et - mort peuvent entrer. Les autres, passez votre chemin. »

Ainsi, le premier devoir des Maîtres et des éducateurs devrait être de se familiariser d'abord eux-mêmes et d'initier ensuite ceux dont ils auront la charge, au sens véritable du Vide, c'est à dire au sens positif de la Vie.

Tout ce Vide qui nous constitue dans l'infiniment petit de nos structures les plus intimes et qui nous englobe dans l'infiniment grand de nos environnements sidéraux, « du caillou » des plus fines particules, « à Dieu » de l'infini du temps et de l'espace où nous sommes en mouvement perpétuel, c'est l'Absolu, la Transcendance, *l'Interdépendance des Etres.* La niche écologique dans laquelle nous devons, sous peine de disparaître, nous trouver en accord parfait, le système primordial des échanges de tous les instants entre nous et l'environnement, c'est ce Vide de l'Interdépendance. Nous comprenons bien alors qu'il nous faut absolument parvenir à harmoniser la vie de l'Homme et la vie de l'Environnement. Pour que la chaîne de nos vies ne soit pas brutalement interrompue et que, tels les terribles lézards du Secondaire nous ne soyons pas réduits à ne laisser derrière nous que les parcimonieux ossements vite fossilisés de squelettes incomplets, mais avec en plus, des déchets radioactifs que nous n'aurons pas su gérer, il nous faut accepter d'être d'une suffisante malléabilité et d'une assez grande humilité, afin que se réalisent nos insertions harmonieuses dans les subtils écosystèmes qui nous gouvernent.

Car notre expérience du Vide, de l'Absolu, de la Vie Cosmique, de la Transcendance ne peut exister que par notre *Disponibilité.* C'est notre Disponibilité qui réalise l'expérience du Vide, qui *est* le Vide. Vacuité, vacance, signifient disponibilité. *Le Vide dont nous parlons ici, c'est l'Absolu de la Disponibilité.* Quel que soit le nom que nous donnions à Dieu, « la Grande Lumière », « le Principe Unique », « l'Etre Primordial », « le Grand Architecte », « la Vie Cosmique », « le Vide Immuable », c'est sa disponibilité qui a créé notre liberté. Dans l'hindouisme, l'instabilité des formes divines, la variabilité des avatars, c'est la disponibilité de Dieu. Dans le judaïsme, l'espérance de la venue du Messie sauveur, c'est la disponibilité de Dieu. Dans le christianisme, l'amour issu du vide du tombeau au matin de Pâques d'où tout est parti, c'est la disponibilité de Dieu. Dans l'islam, la foi, c'est l'abandon à la disponibilité de Dieu. Foi, espérance, amour, trois facettes complémentaires et trois vertus théologales qui naissent de la disponibilité de Dieu. L'athéisme même, par son refus délibéré d'une transcendance est une manifestation de la disponibilité de Dieu.

Cet Environnement suprême, quel que soit le nom que nous lui donnions, est le Vide immense où doit s'engouffrer l'Homme dans sa totale disponibilité, une fois définitivement oubliés tous ses désirs d'hégémonies égoïstes. Il serait illusoire et vain de le réduire à ses dimensions uniquement physiques qui sont seulement l'image superficielle de sa disponibilité.

Après un long voyage, l'homme-roi, unificateur dans sa personne de la terre et du ciel est enfin arrivé dans un palais vide. Il y a découvert, précieux trésor, joyau inestimable, la disponibilité parfaite de l'environnement, et la joie de cette découverte s'est étendue à l'Univers entier. Les cellules, les molécules, les atomes, les particules, les galaxies, les astres, les étoiles, les planètes, les vieillards et la campagne chantent enfin à l'unisson le poème de l'Harmonie retrouvée.

# EPILOGUE

結束

Au Monastère du gué de la rivière Hou-t'o, le « che-tchong », l'assemblée du soir est depuis longtemps terminée. Depuis longtemps déjà, le Vieux Maître a déplié ses jambes, est descendu de sa chaire, a salué de ses deux mains jointes « gasshô », ses auditeurs, y compris le moine poseur de questions. Ils lui ont rendu son salut, puis il est parti prendre son repos, dans la brise parfumée de senteurs subtiles, escorté par les stridulations des insectes nocturnes, sous le ciel étoilé de l'éternel printemps.

Nous sommes sortis de la salle à notre tour, les uns pour aller dormir sans plus nous poser d'autres questions, les autres pour aller méditer dans notre nuit sur les énigmes de ses réponses. Obsédantes, les quatre propositions, mystérieuses les paraboles de Rinzaï nous troublent encore. Les enfants aux longs cheveux blancs et le tapis de brocard, les généraux aux frontières sans fumées ni poussières, les préfectures lointaines coupées de toutes nouvelles et, pour finir, le roi et le trésor, les vieillards et les chansons. Réalisme, idéalisme, nihilisme ? Non, harmonie ! La Voie est clairement tracée, on nous laisse choisir, même si les images sont difficiles à comprendre, mais peut-être veulent-elles seulement nous faire comprendre qu'il ne faut pas trop chercher à comprendre, peut-être veulent-elles seulement nous faire concevoir intuitivement l'exacte vérité de l'Homme et de l'Environnement, l'exacte vérité de l'Etre et de la Sphère d'action de la Connaissance, l'exacte vérité des rapports qu'ils doivent avoir entre eux. Et comment faire pour réaliser l'Harmonie de l'Homme et de l'Environnement ensemble sauvegardés ? Comment faire pour établir maintenant cette Ecologie Nouvelle qui tiendra compte enfin de toutes les composantes, physiques, mentales, spirituelles, métaphysiques ?

« Le monde où nous vivons, écrit Daisetz Teitaro Suzuki douze siècles après Rinzaï, est un vieux monde, mais nous ne connaissons pas encore toutes ses ressources dans les grandes comme dans les petites choses. Nous n'arriverons pourtant jamais à poursuivre nos recherches si nous les limitons au champ des sens et de l'intellect. La nature humaine y est encline, mais il est frappant de constater que, lorsque nous quittons le royaume de la prétendue « objectivité » pour nous tourner *vers l'intérieur* et avancer dans cette direction avec résolution et obstination, nous nous trouvons enfin devant une porte appelée « la Porte des Merveilles ». Lorsque nous la franchissons, nous entrons dans le domaine du Vide où notre Etre a ses plus profondes racines. Là est la chambre du trésor, derrière la conscience où toutes sortes de possibles ont été retenus captifs... »

Que de « possibles » nous gardons encore en otage ! Nous les disposons, dussent-ils y être détruits, sur les sites stratégiques que notre petit ego a construits en nous et autour de nous, croyant ainsi nous prémunir contre des dangers illusoires et contre une réalisation de notre vraie nature qui nous fait peur ! Quand aurons-nous la sagesse de les libérer ? Quand découvrirons-nous que l'ennemi véritable est en nous ?

Du temps où j'apprenais au Japon l'antique Art du Sabre, j'avais découvert un vieux grimoire où l'on disait qu'il était primordial, avant tout, de vaincre les quatre dangers majeurs : la surprise, le doute, l'indécision, la peur, puis, d'acquérir les quatre vertus essentielles : le sens des autres, la force intérieure, le calme, la vitesse de décision. Ne pas se laisser surprendre implique une surveillance de tous les instants, un discernement aigu pour reconnaître l'importance ou l'insignifiance des événements, un sens très vif de la prévision. Douter de soi-même, douter du monde est une grande disgrâce, elle stérilise l'action, elle mène à l'apathie, à la routine, à l'inertie. L'indécision en est le corollaire obligé, elle est, par elle-même, une maladie redoutable de la volonté. La peur, enfin, c'est la paralysie, la fuite, la lâcheté, la mort de l'esprit et du corps. Mais le sens des autres, que les chinois appellent aussi la courtoisie, la bienveillance, l'humanité, la charité, et qu'ils écrivent avec un caractère très simple où l'on trouve l'homme et le chiffre deux, implique à la fois le respect de soi-même et le respect de l'environnement. La force intérieure permet et légitime toutes les abnégations et toutes les bienveillances. Le calme aide à assumer les conflits, parfois à les éviter et souvent à les résoudre. La rapidité dans la décision enfin est la condition première de toute progression et l'indispensable instrument de notre dynamique vitale. Telles sont les quatres vertus principales qui devront nous accompagner sur le chemin de notre libération et de nos redécouvertes.

« Dans la volonté, il faut distinguer deux significations, disait aussi Maître Eckhart : l'une est accidentelle et non essentielle ; l'autre est décisive, créatrice et habituelle... » Il ne parlait pas seulement de la vie spirituelle, mais du combat libérateur que nous devons mener pour l'harmonie de l'Univers, avec résolution et obstination. Et Dorothée de Gaza, moine chrétien palestinien du VIème siècle préconisait avant toutes choses le discernement et la discrétion.

Dôgen, au XIIIème siècle nous donnait cette directive :

« Vous devez abandonner une pratique fondée sur la compréhension intellectuelle, courant après les mots et s'en tenant à la lettre.

Vous devez apprendre le demi-tour qui dirigera votre lumière vers l'intérieur, pour illuminer votre vraie nature.

Le corps et l'esprit d'eux-mêmes s'effaceront et votre visage originel apparaîtra ».

Aujourd'hui, nous sommes arrivés, dans notre monde, au moment précis où nous devons prendre la décision difficile de faire ce demi-tour. Il y va de notre survie et peut-être de la survie du monde. Entièrement tournées vers l'extérieur, nos énergies s'épuisent en pure perte, de pollutions en gaspillages inouïs. Nous ne voulons pas faire l'effort de sauver notre environnement, nous ne voulons pas faire l'effort de nous sauver nous-mêmes. Ceux qui ont la charge de diriger les hommes et de veiller à la préservation de l'environnement ne peuvent plus se contenter de susciter de manifestations platoniques contre les pollutions excessives, de multiplier des directives inefficaces pour réduire nos gaspillages déments, lorsqu'ils ne se donnent pas le ridicule de campagnes publicitaires infantiles – voir la « chasse au gaspi » – heureusement vite oubliées. Ils ne peuvent plus se contenter d'amplifier les inquiétudes légitimes pour favoriser seulement des ambitions électorales, de négliger l'éducation réelle de la jeunesse, de chercher à réveiller seulement par des raisonnements intellectuels, des théories politiques ou des mesures coercitives la conscience écologique des populations.

Car c'est d'abord *un travail important sur soi-même* qu'il est urgent d'entreprendre si l'on veut que s'installe dans toute sa puissance pacifique et unificatrice cette harmonie de l'Homme et de l'Environnement que symbolise le Vide qui les unit. Nous devons d'abord nous chercher nous-mêmes, puis nous connaître nous-mêmes. Nous devons dans le même temps découvrir et connaître notre environnement. Puis nous devrons nous oublier nous-mêmes car c'est à ce prix que nous parviendrons finalement à être unis à cet Univers qui est *l'Absolu de l'Environnement.*

Un autre Maître du zen chinois, au XIIème siècle, descendant spirituel de Rinzaï, qui s'appelait Kakuan, illustrait d'une manière écologique les étapes de cette montée vers la Connaissance qu'il nous faut accomplir. Au début, on cherche le Boeuf, symbole de cet « Homme vrai » dont nous parlait le Vieux Maître. On le cherche avec inquiétude, puis on voit ses traces, mais il reste un doute : est-ce bien la bonne piste ? Enfin, on voit le Boeuf, plus de doute, c'est bien lui. Reste le difficile travail de l'apprivoiser. Il regimbe, il rue, il se rebiffe avec violence sous le fouet, il refuse la corde par laquelle on veut l'attacher. Enfin, sa force brutale est vaincue, le Boeuf est domestiqué, il se laisse mener docilement. Bientôt, la corde n'est plus nécessaire, l'Homme et le Boeuf sont parfaitement unis, en accord complet l'un avec l'autre. Ensuite, le Boeuf et l'Homme disparaissent dans cette unité retrouvée. On pourrait s'arrêter là. Mais

Kakuan ajouta deux tableaux : le retour aux sources de la vie, et enfin le retour à la vie parmi les autres hommes. C'est, comme me le disait Karlfried Graf Dürckheim, l'homme naturel dans son être existentiel qui revient, après en avoir fait l'expérience, pour témoigner de la Grande Lumière dans le monde.

C'est peut-être cette « méthodologie » que nous devrions adopter si nous voulons vraiment nous intéresser sérieusement aux rapports de l'Homme et de l'Environnement. *Que l'Homme puisse apprendre de l'Environnement la Sagesse, que l'Environnement puisse compter sur la Sagesse de l'Homme.* Que l'Orient et l'Occident travaillent en harmonie à cette nouvelle Genèse et qu'au poème zen ancien :

« Un vieux pin prêche la sagesse,
Un oiseau qui passe crie la Vérité... »

Il y ait toujours en écho un autre poème comme celui de Tennyson :

« Petite fleur, si je pouvais comprendre
Ce que vous êtes, toi et tes racines et le reste,
Je saurais ce que sont Dieu et l'Homme... »

Commençons donc par le commencement, il n'en est que temps. Et cherchons le Boeuf avec patience, opiniâtreté, désintéressement, humilité, discernement et discrétion.

Chercher le boeuf.

Perdu dans la forêt, dans la jungle effrayante,
L'homme cherche le boeuf et ne le trouve pas.
Tout au long des rivières sans nom,
Dans les fourrés de la montagne, il suit tous les sentiers.
Las, le coeur lourd, il poursuit sa recherche
Mais il ne trouve pas encore.
Le soir, les grillons chantent dans les feuillages.

Il trouve les traces.

Dans la forêt, il voit d'innombrables empreintes,
D'autres encore au bord de l'eau.
Là-bas, l'herbe n'est-elle pas foulée ?
Même les gorges les plus profondes
Et les hautes montagnes qui se dressent vers le ciel
Ne devraient pas cacher le boeuf.

Première apparition du boeuf.

Un rossignol chante sur une branche,
Le soleil brille sur les saules frissonnants sous la brise.
Enfin, voici le boeuf !
Cette tête puissante, ces cornes imposantes,
Quel artiste pourrait les peindre ?
Mais où donc était-il caché ?

On attrape le boeuf.

Il faut saisir la corde avec vigueur et ne pas la lâcher,
Car le boeuf garde encore tous ses instincts sauvages.
Tantôt, il veut foncer vers les sommets,
Tantôt il veut flâner dans les ravins brumeux.

Le dressage du boeuf.

Tenant fermement la corde, on empêche le boeuf
De retourner vers ses bauges fangeuses.
Bien gardé, le voilà devenu propre et sage.
Il suit, sans qu'on l'attache, son maître de bon gré.

On ramène le boeuf à la maison.

Libre comme l'air, monté sur le dos du boeuf,
Dans le soir, avec sa cape et son chapeau de paille
L'homme rentre à la maison, plein de joie.
Où qu'il aille, une brise fraîche l'accompagne
Et dans son coeur règne une tranquillité profonde.
Ce boeuf n'a plus besoin du plus petit brin d'herbe:
Il se suffit à lui-même.

Le boeuf oublié, le moi seul existe.

C'est sur le dos du boeuf qu'il est rentré chez lui,
Mais voici que le boeuf a disparu
Et que l'homme reste seul et serein.
Haut dans le ciel brille un soleil rouge,
Tandis qu'il rêve paisiblement
Sous son toit de chaume.
La corde et le fouet ne servent plus à rien.

Le boeuf et le moi oubliés.

Forêt, corde, boeuf, homme appartiennent au Vide.
Si, vaste et sans limites est le ciel pur
Que nulle idéologie ne pourra plus l'atteindre.
Un flocon de neige ne peut vivre sur une braise ardente.
Lorsque cet état d'esprit est atteint,
Vient la véritable compréhension.

Retour à la source.

Il est retourné à l'origine, revenu à la source.
C'est en vain qu'il a marché,
Comme s'il était aveugle et sourd.
Assis dans sa hutte, il n'aspire plus au monde extérieur.
Les rivières coulent d'elles-même
Les fleurs rouges sont rouges, naturellement.

Il va au marché avec des mains secourables.

Poitrine nue, pieds nus, il vient sur la place du marché.
Dans la boue et la poussière, il sourit à tout le monde.
Sans aucun pouvoir surnaturel,
Il fait fleurir les arbres morts.

Saurons-nous faire refleurir les arbres morts ? Saurons-nous retrouver nos pouvoirs *naturels*, ceux de notre vraie nature qui peuvent être considérables ? Saurons-nous nous engager d'abord sur cette voie intérieure d'une nouvelle écologie initiatique ? Saurons-nous enfin intégrer à nos actions la force spirituelle qui leur manque ?

Nous avons suivi le Vieux Maître de zen qui nous montre le chemin dans toute sa rudesse, sans nous obliger à le suivre. Il nous donne le choix et c'est en cela qu'il est le véritable Maître, celui qui n'impose rien mais qui fait découvrir à chacun de nous son Maître Intérieur.

Saurons-nous faire le bon choix, découvrir notre Maître Intérieur et le suivre sur la Voie de l'Unité ?

Comme le Maître de Fleurs d'autrefois, je voudrais vous donner :

## Dix Préceptes pour une Nouvelle Ecologie

Ils ne sont pas des modèles ni des conseils ni des directives, surtout pas des consignes abstraites, seulement des bornes au bord du chemin, qui vous indiquent une direction, celle de la « Niche Ecologique Royale » où vous découvrirez votre trésor intérieur. Alors, vous entendrez enfin la voix de l'Univers chanter le grand poème de la vie. Vous pourrez y joindre, à l'unisson, votre propre voix, dans l'harmonie retrouvée de l'Homme et de l'Environnement.

## Dix Préceptes pour une Nouvelle Ecologie

1. Occupez harmonieusement les systèmes écologiques où vous serez appelés à vivre.

2. Etudiez et respectez votre Environnement, soyez instruits des recherches scientifiques en ce domaine et tenez-en compte dans tous vos projets.

3. Cherchez sincèrement à vous connaître vous-mêmes, dans la totalité de votre Etre.

4. Sachez vous oublier vous-mêmes pour découvrir « les autres ».

5. Ne donnez pas la priorité aux jeux socio-économiques.

6. Considérez l'écologie d'une manière globale, dans toutes ses dimensions : physique, mentale, spirituelle et métaphysique.

7. Evitez les pollutions, les gaspillages, les destructions de votre milieu vital. Soyez discrets dans votre présence au Monde.

8. Aimez votre Environnement dans ses plus infimes comme dans ses plus immenses manifestations.

9. Soyez conscients du Vide positif qui unit toutes choses et qui constitue l'Interdépendance des Etres.

10. Participez à la pureté, à la beauté, à la force, à l'équilibre de la Vie Cosmique.

La fleur merveilleuse que Rinzaï le Vieux Maître nous a transmise, et qui suffit à créer le printemps dans l'Univers entier, je vous la transmets à mon tour, de mon âme à votre âme, mais je ne puis en faire davantage. C'est à chacun de nous qu'il appartient d'en assurer la survie.

Symbole de cette transmission, peut-être aussi vous donnerai-je pour finir, cet ancien poème de la Chine profonde :

« Que ne puis-je, avec cette branche de prunier en fleurs,
Vous offrir le chant qui, ce matin, la faisait frémir. »

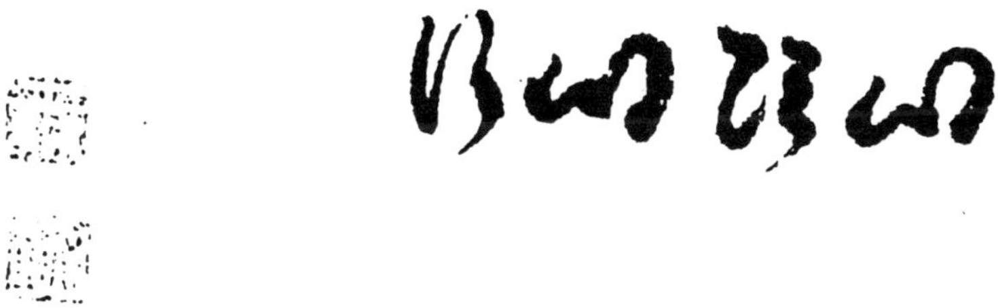

« I Shin den Shin » : « de mon âme à votre âme ».

# QUATRE CALLIGRAPHIES

四書

Parfois, on supprime l'homme
mais on ne supprime pas l'environnement.

Parfois, on supprime l'environnement,
mais on ne supprime pas l'homme.

Parfois, on supprime ensemble,
l'homme et l'environnement.

Parfois, on ne supprime
ni l'homme, ni l'environnement.

# TABLE DES MATIERES

médiateurs chimiques - L'intelligence – Les neurones – Connaissance dynamique de l'homme – Le souffle de l'esprit – Le cortex cérébral – Le circuit limbique – Le schéma corporel – La conscience – Nos ressemblances, nos différences – L'avenir de l'homme – Homo religiosus ? – Unité du corps et de l'esprit.

Le mot « environnement » – Attitudes vis-à-vis de l'environnement – Les Tasadays de Mindanao – Comment Rinzaï écrivait « environnement » en chinois – Sujet et objet – La dialectique – Pas de discriminations – Le muon, il y a vingt milliards d'années – Le temps – Le « big-bang » – Eternité de l'univers ? – L'univers au service de l'homme ? – Le principe anthropique – Un Grand Projet ? – Genèses et Traditions – La connaissance – Le Bouddha et le Révérend Mâlunkyâputta – Organisation de la matière – Naissance de la terre – Les éons – Apparition de la vie – Les Algues vertes et l'oxygène – Poissons, reptiles, amphibiens... – Le moyen-âge de la Terre – Vie et mort des « terribles lézards » – Les mammifères – Les climats – L'avenir de l'univers – Un totum, un système, un quantum – Energie et photosynthèse – L'organisation du système : producteurs, consommateurs, recycleurs – L'interdépendance des êtres – Trèfle rouge et déclin de l'Empire britannique – Interrelations avec les règnes minéral, végétal, animal – Inquiétude métaphysique – Alayavijnâna, la conscience cosmique – La séduction des

*Si vous désirez être tenu au courant des publications de l'éditeur ainsi que celles de l'auteur, il vous suffit d'envoyer votre adresse aux éditions ;*

*Vous recevrez régulièrement nos catalogues et des informations sur les nouveautés que vous trouverez chez* **votre libraire**.

ACHEVÉ D'IMPRIMER
SUR LES PRESSES DE
L'IMPRIMERIE SZIKRA
90200 GIROMAGNY
3e TRIMESTRE 1991

IMPRIMÉ EN FRANCE